CRIATIVIDADE E DEPENDÊNCIA

Retrato de Celso Furtado por Samson Flexor,
feito a bordo do Le Jamaique, *em 1948.*

CELSO FURTADO

Criatividade e dependência

na civilização industrial

Edição definitiva

Companhia das Letras

1ª edição, Paz e Terra, Rio de Janeiro, 1978

Coordenação editorial
Rosa Freire d'Aguiar

Capa
Mariana Newlands, sobre *As bandeirinhas* (1955), de Flexor, óleo s/ tela, 80 × 180 cm. Coleção particular

Preparação
Denise Pessoa

Índice remissivo
Luciano Marchiori

Revisão
Daniela Medeiros
Marise S. Leal

Dados Internacionais de Catalogação na Publicação (CIP)
(Câmara Brasileira do Livro, SP, Brasil)

Furtado, Celso, 1920-2004.
Criatividade e dependência na civilização industrial. Edição definitiva / Celso Furtado. — 1ª ed. — São Paulo : Companhia das Letras, 2008.

ISBN 978-85-359-1218-0

1. Dependência 2. Empresas - Aspectos sociais 3. História econômica — Século 20 4. Tecnologia e civilização I. Título.

08-02666 CDD-330.9

Índice para catálogo sistemático:
1. História econômica 330.9

EDITORA SCHWARCZ S.A.
Rua Bandeira Paulista, 702, cj. 32
04532-002 — São Paulo — SP
Telefone: (11) 3707-3500
www.companhiadasletras.com.br
www.blogdacompanhia.com.br
facebook.com/companhiadasletras
instagram.com/companhiadasletras
twitter.com/cialetras

The broken standards, the broken lives
The broken faith on one place or another

T. S. Eliot, *The rock*

Ne sommes-nous pas une fantaisie organisée?

Paul Valéry, *L'âme et la danse*

Sumário

Prefácio

Celso Furtado: rumo a uma visão holística

No prefácio a *Criatividade e dependência*, que já está fazendo trinta anos, Celso Furtado busca expressões metafóricas para dizer a sua perplexidade em face de um mundo de sombras que as ciências sociais especializadas não conseguem aclarar. Fechadas em seus modelos acadêmicos, disciplinas altamente estruturadas como a economia clássica e a sociologia positivista parecem-lhe "minúsculas clareiras" comparadas com a visão de "todo o horizonte" que é preciso descortinar de qualquer ponto em que se posta o olhar do estudioso da sociedade industrial contemporânea. Mas não lhe bastam metáforas visuais: o escritor Celso Furtado também recorre à oposição entre a harmonia da música tradicional, limitada pela noção de tônica ou dominante, e a composição serial moderna que explora livremente as possibilidades sonoras em todas as direções. Vamos ouvir trechos dessa orquestração em que se fundem notas dissonantes e consonantes.

O capítulo que abre o livro, "Poder e espaço numa economia que se globaliza", trabalha precisamente com alguns fatores que integram o poderoso complexo que vem marcando, em nível planetário, a sociedade industrial a partir da Segunda Guerra Mundial. O que se constata à primeira vista é a vulnerabilidade das economias nacionais em face da crescente concentração geográfica da renda e da riqueza gerada pelas empresas multinacionais. Se lembrarmos que Celso Furtado estava refletindo sobre os efeitos da globalização econômica em 1978, não podemos deixar de admirar a sua capacidade de apreender o sentido de um processo que estamos vivendo cada vez mais intensamente nesta primeira década do século XXI.

Como crítico do saber acadêmico atomizado, o intérprete holístico aponta a insuficiência da análise econômica tradicional, que não consegue articular coerentemente duas dimensões do processo: os interesses particularistas de agentes individuais (pressuposto da microeconomia liberal) e as necessidades e os projetos das nações-Estado, que não se comportam como meros agregados desses mesmos interesses. Não haveria uma "racionalidade" intrínseca, comum e universal capaz de promover a fusão dos planos, mesmo porque, por exemplo, as reações de eventuais consumidores em face da elevação internacional dos preços de um produto são diferenciadas: há setores da economia de um país que intensificam a própria demanda, há outros que a reduzem e ainda haverá os que permanecerão indiferentes. Diante desse jogo fluido todo marcado por adaptações mais ou menos passivas ao poder (este sempre ativo) das empresas multinacionais, a única resposta "racional" é acionar o que Celso Furtado chama "fator volitivo", uma variante do que se convencionou nomear como vontade política. Em outras palavras, o agente, isto é, o homem público sensível à fragilidade de uma economia atingida pelas manobras transnacionais, deve engendrar formas de ação peculiares à sua margem de poder para transformar, na medida do possível, o contexto em que atuam os motores do sistema econômico. Só uma racionalidade abrangente consegue enfrentar a pseudo-racionalidade segmentada que deriva da ação conjuntural desta ou daquela investida multinacional. O resultado deixa de ser apenas passivamente adaptativo na medida em que a política econômica da nação-Estado reage e inova modificando situações que, deixadas a si mesmas, tenderiam a manter a assimetria inicial petrificada no modelo tão reiterado de centro-periferia. Modelo que é histórico, tem a sua vigência, mas não é imóvel nem eterno, como parecem considerá-lo não poucos intelectuais de direita e de esquerda.

Sem demorar-se em conflitos de fraseologia, Celso Furtado mostra com cristalina nitidez que, no atual contexto de globalização industrial e financeira, quem *planifica* não é necessariamente o Estado-providência, hoje ameaçado de todos os lados, mas a grande empresa, que o faz setorialmente, mas nem por isso menos efetivamente. Em suas palavras:

> Recursos de organização, como o regime de subcontratação, permitem conciliar um grau elevado de planejamento setorial com considerável flexibilidade no nível da execução. Por outro lado, as barreiras à entrada, que caracterizam os oligopólios, criam condições para um planejamento da atividade empresarial a médio e longo prazos dentro de margens de risco relativamente estreitas.

Na arena da globalização, deixar de planejar é permitir que outros planejem por nós... O olhar holístico não tem nenhuma dúvida em relação aos mecanismos de poder acionados pelo jogo macroeconômico. Embora o prefácio evoque simpaticamente a imagem de um genial "vagabundo" chamado Jean-Jacques Rousseau, inspirador de pensadores da política como fim ideal, são as sombras de Maquiavel, Hobbes e Marx que rondam o discurso de Celso Furtado, atento à necessidade de prover os meios e afiar os instrumentos do poder. Veja-se a força do termo "decisão" nestes períodos:

> Mas não somente a capacidade de iniciativa inovadora define o conteúdo de poder de uma *decisão* econômica. *Decisões* há que visam exatamente a limitar o poder de iniciativa de certos agentes; ou a canalizar esse poder em função de objetivos de ordem mais geral, como é o caso da estabilidade do sistema. A criação de meios de pagamento, por exemplo, resulta freqüentemente de iniciativas tomadas no plano microeconômico, mas requer uma coordenação tanto mais elaborada quanto mais importante for o papel do crédito no sistema. O mesmo caráter disciplinador têm certas *decisões* relacionadas com o mercado de mão-de-obra, com o uso de recursos não renováveis, com a liquidez externa etc. É a partir da identificação dos centros de onde emanam essas *decisões* destinadas a compatibilizar as iniciativas da multiplicidade de agentes, que exercem poder em graus distintos, que se define o perfil de um sistema econômico. [...] O que se chama racionalidade macroeconômica não é mais do que a percepção *ex-post* da coerência obtida mediante o esforço coordenador desse centro hegemônico. [Itálicos de A. B.]

São vários e iluminadores os exemplos apresentados nestas páginas de abertura. Há análises tópicas de situações em que Furtado mostra a diferença entre as "organizações sociais" (sindicatos, partidos, movimentos de vário tipo e alcance) atuantes nos países altamente industrializados e as organizações que enfrentam percalços de toda ordem nas nações em desenvolvimento. Nesta altura, conviria historicizar o texto, que foi composto em Paris nos anos de 70, refletindo a situação brasileira dos sindicatos operários e rurais manietados pelas intervenções da ditadura militar que ainda nos infelicitava. Lembremos, porém, que, pouco depois de publicada a obra, nasceu entre nós o Movimento dos Trabalhadores Rurais Sem Terra, que Celso Furtado reconheceria, ao voltar do exílio, como uma das forças vivas de resistência ao capitalismo fundiário brasileiro. As greves de 1979, o crescimento de partidos democráticos de centro-esquerda e de movimentos ambientalistas e comunitários iriam também alterar o quadro cultural e político da nação.

De todo modo, vale registrar a sua perspicaz observação: o que na Europa Ocidental era e ainda é ação defensiva ou inovadora de múltiplas organizações sociais já há muito consolidadas, nos países do Terceiro Mundo poderia ser *também* obra da coalizão estratégica de Estados nacionais: "visando a organizar a oferta de certos produtos agrícolas, ou de um recurso não renovável, a disputar o acesso a uma tecnologia, a solucionar um problema financeiro, ou mesmo a disputar o controle de um centro de decisões de âmbito internacional".

Convenções comerciais, trabalhistas ou ecológicas multilaterais e, particularmente, a formação de blocos regionais entre estados democráticos poderiam estimular ou reforçar iniciativas sociais propostas por sindicatos ou por vários tipos de ONGs. O que é mais um exemplo da ênfase que Celso Furtado dava ao papel da atividade política internacional na construção do seu ideal de "verdadeiro desenvolvimento".

O cerne da obra, que compreende o segundo e o terceiro capítulos, traz uma vigorosa síntese histórica e conceitual da civilização industrial. São páginas notáveis pela densidade de informação e originalidade da interpretação. Sugiro ao leitor que, depois de atravessá-las, passe ao estudo do sétimo capítulo, *Ensaio de visão retrospectiva*, que retoma e aprofunda o tema da formação da hegemonia burguesa européia.

O processo que desembocou na revolução burguesa é recapitulado a partir dos descobrimentos marítimos ibéricos, que abriram para a Europa não só o Novo Mundo mas a rota comercial do Oriente pelo périplo africano. A expansão comercial foi extraordinária e o processo de *acumulação* se fez a partir da exploração do trabalho escravo ou servil no Brasil, na América andina e platina, nas colônias antilhanas e nas plantagens da América do Norte. A África foi transformada em um sangrento reservatório de mão-de-obra em proporções que só a palavra genocídio pode nomear. A exportação de produtos tropicais e minérios preciosos gerou na Europa Ocidental um excedente, em parte monetarizado, que, em alguns países, serviu de lastro à revolução burguesa sem, porém, ter determinado, até a metade do século XVIII, um desenvolvimento das forças produtivas. "Era o raio de ação das atividades econômicas dos europeus que se dilatava, e não propriamente as forças produtivas que se desenvolviam."

Furtado insiste (afastando-se das leituras etapistas) em que os processos econômicos desse longo período mercantil-colonialista não abalaram velhas estruturas de dominação "em simbiose com um Estado que era chamado a ampliar consideravelmente suas atividades administrativas". Nem as repúblicas mercantis do Mediterrâneo, florescentes até o século XV, nem Portugal e Espanha, potências coloniais nos séculos XVI e XVII, produziram automaticamente o capitalismo industrial.

A ascensão da classe burguesa, "fundada na expansão do excedente de origem mercantil", se faria, em outras formações nacionais, inicialmente sob a forma de conexão estratégica com grupos dominantes tradicionais. Na Inglaterra e na Holanda, reis e fidalgos por eles apadrinhados associaram-se às operações ultramarinas das Companhias de Comércio, delas extraindo todo o proveito possível. A burguesia, aliando-se ao centro real das decisões, alargou eficazmente a sua esfera de ação: Celso Furtado exemplifica essa ampliação lembrando que alguns "critérios básicos que regem a atividade mercantil, como a livre-iniciativa, a livre contratação e a livre circulação", passaram a integrar a vida social britânica ao longo do século XVIII. Esboça-se nessa passagem uma análise de tipo institucional que teria a ganhar se lhe fosse acrescentada a interpretação weberiana dos valores éticos protestantes inerentes à nova civilização do lucro e do trabalho. Quanto às antigas corporações de ofício e aos controles exercidos pelas oligarquias rurais, foram sendo taticamente enfraquecidos na Inglaterra desde o século XVII, ao passo que a França conheceu dez anos de Revolução, incluindo um ano de Terror, para atingir os mesmos fins. Nos demais países europeus a luta da burguesia com os setores tradicionais arrastou-se por quase todo o século XIX.*

De todo modo, mais cedo ou mais tarde, o capitalismo liberal burguês passou a ser a *forma mentis* predominante e o modo de produção generalizado no Ocidente. Acumular, ampliar o excedente vieram a constituir objetivos em si mesmos, considerando-se como "racional" a eliminação de todo obstáculo à eficiência produtiva. A acumulação se acelera e assume o papel de elemento motor de toda a evolução social.

No seu movimento de expansão, a civilização industrial difundiu-se ao longo dos séculos XIX e XX, subordinando a si complexos sociais e culturais diversos dos que viram o seu nascimento na Europa Ocidental. Assim, no Japão, o quadro institucional que absorveu a tecnologia industrial constituiu-se de grupos tradicionais, de tal modo que a empresa pôde desenvolver-se inicialmente como projeção ampliada da família do proprietário. Na Rússia, a industrialização ("sem qualquer vínculo com o pensamento de Marx", diz Furtado, e, menos ainda, com o utopismo socialista) se inspirou na "economia de guerra" modelada na Alemanha desde fins do século XIX. O sistema de decisões se fez altamente centralizado, o que deu ao aparelho de Estado soviético um peso muito superior ao que se verificou no curso da implan-

* Ver os detalhes de todo o processo no sétimo capítulo da obra.

tação do capitalismo japonês. Mas, apesar das diferenças evidentes de substrato cultural, Japão e Rússia saltaram de uma economia tradicional para o modelo planetário da sociedade industrial.

Contudo, a difusão que nos interessa de perto, e que foi exaustivamente examinada por Celso Furtado em toda a sua obra, é a que ocorreu no interior das sociedades latino-americanas, em particular no Brasil. Aqui, a "via indireta" de acesso à civilização industrial pode ser considerada como um subproduto da dominação externa. O quadro mundial de referência se compôs no século XIX mediante a divisão internacional do trabalho a partir da Europa. Trata-se de uma via inicialmente indireta "e, ao contrário das duas anteriores [casos do Japão e da Rússia], conduz a uma situação de dependência estrutural".

O histórico do processo de dependência é bem conhecido e já fora trabalhado com minúcias em estudos anteriores de Celso Furtado, mas, neste capítulo, o propósito explícito é confrontá-lo com a difusão do capitalismo em outras formações nacionais como o Japão e a Rússia para melhor aclarar o seu caráter específico.

Na América Latina, a exportação de produtos tropicais e minérios para mercados europeus teve como contrapartida a importação de bens elaborados em contextos tecnologicamente avançados, o que modificou o consumo de nossas classes altas e médias *sem alterar o quadro das forças produtivas.* Igualmente, os valores burgueses pregados na Europa Ocidental, o liberalismo, o individualismo e o racionalismo, foram assimilados pelas burguesias locais, mas se teriam convertido em instrumento de reforço da situação dependente.

No Japão e na Rússia, o processo foi inverso: as forças produtivas realmente alteraram-se, a modernização industrial foi um fato irreversível, mas o acesso aos padrões de consumo alto de tipo ocidental foi drasticamente reduzido mediante restrições que atingiram todos (diríamos, quase todos) os agentes do novo sistema econômico. Quanto aos valores ostentados pela inteligência liberal burguesa, não se enraizaram no solo da modernização industrial quer japonesa, quer soviética. (Julgo que, nessa altura, o texto de Celso Furtado mereceria ser historicizado e dialetizado, pois não parece que teriam sido sempre uniformes os papéis das ideologias européias quer na Rússia e no Japão, quer nas diferentes culturas latino-americanas.)

O historiador Celso Furtado tem consciência de que as estruturas socioeconômicas não são estáticas. O quadro inicial, centrado na análise da "via indireta" da difusão do capitalismo industrial, enfrentou uma crise entre as duas grandes guerras, e mais agudamente depois da segunda, quando quase entrou em colapso o sistema oitocentista da divisão internacional do trabalho. A política de substituição de importações dos anos de 30-40 fez parte dessa alteração da rede econômica mundial. O processo de industrialização e o ideal de *desenvolvimento* perseguido mundialmente na segunda metade do século XX serão o objeto preferencial desse economista antiacadêmico em busca de uma visão holística da sociedade contemporânea.

Não é por acaso que o termo-chave de toda a reflexão de Celso Furtado, *desenvolvimento*, aparece precisamente no momento de seu discurso em que, enquanto pensador da economia, ele está refletindo sobre a dinâmica da acumulação em geral. "Desenvolvimento é um processo de recriação das relações sociais que se apóia na acumulação." Essa definição exige um tratamento dialético que dela extraia o seu potencial de negatividade. É o que faz Celso Furtado:

> Se a acumulação se transforma em um fim em si mesma (quando passa a constituir a base do sistema de dominação social), o processo de criação de novas relações sociais transforma-se em simples meio para alcançá-la. A inexorabilidade do progresso levan-

do à desumanização do indivíduo na civilização industrial é um desdobramento desse processo histórico.

A acumulação como um *fim em si* responde a um modelo tosco de progresso quantitativo linear, que se resume na exigência de que é preciso, absolutamente, produzir e... produzir cada vez mais. Os efeitos deletérios dessa mentalidade cegamente produtivista tiveram ao menos o mérito de despertar em alguns espíritos lúcidos uma reação crítica e, na sua esteira, a procura de um padrão de desenvolvimento para o qual a acumulação fosse um meio subordinado à transformação social, o único fim válido. Celso Furtado mostra-se sensível a manifestações dessa contra-ideologia que começava a formular-se nos anos de 70, não cessando de adensar-se nas décadas posteriores. Destaco alguns períodos mais assertivos que resumem o seu pensamento:

> A percepção dessa problemática, a partir de uma consciência crítica fundada na prática do *desenvolvimento*, está por trás de grande parte dos movimentos políticos contemporâneos nos países em que mais avançou o processo de acumulação: *as lutas contra a poluição, contra o desperdício de recursos não renováveis, a defesa do patrimônio cultural, a rejeição do consumismo*. Esses movimentos têm em comum o fato de que pretendem explicitar um conjunto de *fins*, a partir de uma visão global da sociedade. [...] A essa elevação da consciência crítica, com respeito ao projeto social implícito na acumulação, deve-se a primeira contestação substantiva da civilização industrial surgida nos países que a engendram e lideram. [Grifos de A. B.]

O quarto capítulo, "Da ideologia do progresso à do desenvolvimento", enfrenta problemas de ordem conceitual que os desdobramentos históricos do tema já tinham proposto: como a idéia de progresso cedeu à de desenvolvimento, e como esta última vem demandando, por sua vez, uma análise interna que substitua a sua aura mítica por uma visada crítica?

O método do discurso é genético. A acumulação nos meios de produção e a formação de uma classe desvinculada das amarras feudais, a *burguesia*, teriam engendrado uma concepção individualista da existência e a procura de uma felicidade terrena, componentes ambas da mentalidade moderna. Esta volta as costas para o passado e põe os olhos no futuro, que lhe trará, por força mesmo da acumulação de bens materiais e culturais, uma vida cada vez mais rica e mais feliz. Ter mais, desfrutar mais, saber mais — é o sentido do *progresso indefinido*, que o último dos iluministas, Condorcet, inspirador de Saint-Simon e de Comte, considerava como a finalidade imanente na história dos homens.

A burguesia ocidental cumpriu, com razoável competência, o seu papel. Na nova sociedade, construída sobre os escombros do Antigo Regime, ela passou a funcionar como classe dominante, o que não impediu (ao contrário, propiciou) a generalização da sua ideologia, que foi absorvida pela classe dominada: o operariado também acabou crendo no caráter positivo, necessário e indefinido do progresso material. Diz Celso Furtado: "Nessas sociedades estruturalmente instáveis, com contradições internas que pareciam condená-las a um fim catastrófico, a idéia de progresso iria constituir a célula mater de um tecido ideológico que serviria de ligadura entre grupos sociais antagônicos".

Difundiu-se planetariamente a crença de que o progresso, ou seja, toda e qualquer substituição do antigo pelo novo, é inevitável, logo aceitável mesmo quando o preço das suas novidades pareça alto demais. Até hoje, o senso comum pequeno-burguês resiste à evidência da degradação ambiental e social repetindo a fórmula "É o preço do progresso", frase entre esperançosa e resignada. A educação em todos os níveis glosou a idéia, que os meios de comunicação cantariam por décadas em prosa e verso. Os políticos de várias colorações ideológicas tomaram-na por bandeira consensual. Uma religião, em suma, à qual prestariam tributo mesmo aqueles que viam na burguesia a grande responsável pela dominação econômica e política das sociedades modernas. Quando Marx e Engels, fazendo uma crítica cerrada do capitalismo de seu tempo, se propõem desenhar o futuro da classe operária e, por tabela, da humanidade superadora de todas as dominações, é, ainda e sempre, o crescimento das forças produtivas, e, no seu bojo, o progresso tecnológico, que lhes aparece como uma das alavancas dessa libertação. A gestão da política econômica stalinista seguiu à risca a tese da salvação da classe operária mediante o crescimento das forças produtivas.

A catástrofe que representou a Segunda Guerra Mundial e o massacre atômico de Hiroshima e Nagasaki abalaram (embora não tenham absolutamente suprimido) a confiança no caráter benéfico de todo e qualquer tipo de engenho tecnológico. Foi nesse contexto que se formularam a idéia e o ideal de um desenvolvimento que não se confinasse a programas de crescimento do produto bruto da nação. Ao longo do decênio de 1950 Raul Prebisch e Celso Furtado, mentores da Comissão Econômica para a América Latina (CEPAL), elaboraram a hipótese de que o "subdesenvolvimento" dos países latino-americanos não era uma etapa que levaria necessariamente ao nível de desenvolvimento dos países industrializados, mas uma situação produzida por estes últimos em função da dependência dos primeiros.

O desafio de "superar o subdesenvolvimento" permearia toda a obra posterior de Celso Furtado. Nas décadas de 50 e 60, a ação de um Estado planejador parecia-lhe, e com fortes razões, imprescindível. Membro da diretoria do recém-criado Banco Nacional de Desenvolvimento Econômico (BNDE), superintendente da SUDENE e nosso primeiro ministro do Planejamento no governo João Goulart, Celso Furtado conheceu de perto os espaços de manobra e portanto o alcance e os percalços da ação estatal em uma formação capitalista subdesenvolvida. O golpe udeno-militar de 1964 colheu-o em pleno trabalho em prol do seu Nordeste, cujas lideranças socialistas e democráticas viviam então uma hora grávida de esperanças populares. Foi o começo de um longo exílio.

Os anos de 70, marcados pela vigência de governos ao mesmo tempo "desenvolvimentistas" e autoritários na América Latina, levaram o pensador Celso Furtado a uma inflexão crítica acentuada em relação ao próprio conceito genérico de desenvolvimento, tal como ele o formulara na década anterior. Impunha-se uma análise diferencial das situações em que se buscava alcançar o desenvolvimento econômico.

A bandeira do progresso hasteada pelas Luzes e pelas revoluções burguesas acabou por favorecer, *nos países industrializados*, a formação de um pacto tácito entre a classe dominante e as classes subalternas, prometendo lucro à primeira e emprego e eventual alta salarial às últimas. Na Europa Ocidental e nos Estados Unidos, interesses antagônicos conviviam tensamente, mas encontravam no ideal de progresso — merecedor de todo crédito — uma zona comum. Por sua vez, a tecnologia industrial, pelo menos até meados do século XX, ainda não marginalizava o trabalhador e concedia-lhe, por acréscimo, a libertação de certas tarefas braçais mais pesadas.

Nos *países pobres*, o processo caminhava em outro sentido. O programa comum aos Estados do Terceiro Mundo chamava-se desenvolvimento, a rigor, um outro nome, e mais promissor, para a noção convencional de progresso. Mas em que consistia, a rigor, a prática do desenvolvimento? Aumento da exportação de produtos primários e/ou, em certo lapso de tempo, substituição das exportações, ou seja, estímulo à industrialização. Nesse contexto, a tecnologia, quer na produção rural, quer na urbana, era posta apenas a serviço dos interesses internos da empresa regulados em termos microeconômicos. Em geral, mais tecnologia significava menos mão-de-obra. O efeito social era desastroso: desemprego, subemprego, marginalidade, anomia psicossocial; e, naqueles mesmos anos 70, repressão a todas as formas de protesto dos trabalhadores no campo e na cidade. O realismo desta frase de Celso Furtado não poderia ser mais drástico: "Ao contrário do que ocorreu no primeiro processo, nenhuma evidência existe de que a industrialização dependente conduz a formas sociais estáveis".

A solução do impasse não seria nem puramente tecnológica nem economicista *stricto sensu*. Só uma política de âmbito nacional, ao mesmo tempo planejadora e democrática, teria condições de dar ao desenvolvimento um conteúdo social virtuoso. Depois de desconstruir o "mito do desenvolvimento econômico" em obra corajosa de mesmo título publicada em 1974, pouco antes de escrever *Criatividade e dependência*, Celso Furtado abalançou-se à tarefa árdua de redimir o mesmo conceito já então depurado de suas conotações aliciadoras e falazes. Era preciso descer mais fundo e descobrir no dinamismo mesmo das forças sociais e culturais o que levou certos povos em certas conjunturas a dar um salto qualitativo que merecesse o nome desse processo belo e dramático que o velho Hegel não hesitara em chamar "desenvolvimento"...

O quinto capítulo, "Acumulação e criatividade", presta-se a uma leitura em que reponta a dimensão do futuro, que é a dimensão do projeto e da criação, silenciada até essa altura do discurso. O historiador da economia cede ao ensaísta sem peias acadêmicas, a que não falta aquela dose de imaginação que os últimos escritos de Celso Furtado tanto encareceriam.

O pressuposto geral ainda é a existência de um excedente que "abre aos membros de uma sociedade um horizonte de opções". O agrupamento humano (comunidade, estamento ou classe social) deixa de esgotar todas as suas energias na mera reprodução do cotidiano material e se põe a explorar o reino do possível, procurando dar forma e consistência ao que parece, a distância, obra de pura imaginação criadora. A história das culturas mostra a emergência, em determinados lugares e tempos, de obras de arte e pensamento tão belas e complexas que resistiram aos séculos e ainda hoje encantam e ensinam, apesar das distâncias às vezes milenares e das diferenças de estilo de vida e concepção de mundo. A palavra-chave para Celso Furtado passa a ser "criatividade". É nesse conceito que se apóia a sua admiração pela tragédia ática, pela historiografia de Heródoto, pela filosofia dos pré-socráticos, pela escavação moral e religiosa dos hindus, em suma, pela ciência, pela arte e pela filosofia criadas em sociedades de baixo excedente econômico.

Nas sociedades industriais a ciência e a arte vêm sofrendo de hipertrofia dos meios e esquecimento dos seus fins próprios. A ciência passou a servir a tecnologia requerida pelo crescimento industrial e pela concorrência dos mercados. A arte virou mercadoria para consumidores que são incapazes de produzi-la e até mesmo de entendê-la. Apesar das diferenças de linguagem, o leitor pode entrever nessas reflexões algumas afinidades com a crítica da cultura da Escola de Frankfurt. O uso da expressão "racionalidade instrumental" é sintomático dessa convergência com o estilo de pensar de Adorno, Horkheimer e Marcuse (citado em uma passagem do capítulo), embora se possa igualmente aproximá-lo de categorias weberianas. Entretanto, transparece no discurso de Furtado o sentimento de respeito profundo pelos grandes criadores da ciência moderna, a começar de Galileu, Descartes e Newton, cujas descobertas lhe parecem fruto de um autêntico desenvolvimento social e mental que fixou um paradigma de racionalidade e de liberdade de pensamento, não devendo ser confundido com o uso puramente instrumental que o mercado contemporâneo faz da pesquisa científica.

Os parágrafos dedicados ao consumismo cultural são contundentes e convergem na afirmação de que a inovação tecnológica pode tornar paradoxalmente homogêneas e repetitivas certas formas de desfrute do novo:

> Na economia capitalista o processo de acumulação marcha sobre dois pés: a inovação, que permite discriminar entre consumidores, e a difusão, que conduz à homogeneização de certas formas de consumo. Ao consumidor cabe um papel essencialmente passivo: a sua *racionalidade* consiste exatamente em responder "corretamente" a cada estímulo a que é submetido. As inovações apontam para um nível mais alto de gastos, que é a marca distintiva do consumidor privilegiado. Mas o padrão inicialmente restritivo terá de ser superado e difundido, a fim de que o mercado cresça em todas as dimensões. As leis desse crescimento condicionam a criatividade.

É possível sair deste círculo de ferro que o esquema funcionalista de estímulo-resposta desenhou para fixar o comportamento do consumidor contemporâneo em face de toda e qualquer invenção tecnológica ou artística? O economicismo puro e duro não teria meios de fazê-lo; tampouco as teorias do desenvolvimento entendido como crescimento ilimitado da produção. A crítica da reificação a que leva a fetichização da mercadoria precisa vitalmente de instrumentos teóricos que levem em conta a complexidade do sujeito preso nas engrenagens do mercado. Celso Furtado não é, manifestamente, um pensador forrado de certezas hegelianas que lhe dariam respostas dialéticas prontas para superar os impasses da sociedade industrial avançada. Por outro lado, a sua intensa admiração pela obra de Marx veio corroborar as suas convicções científicas moldadas pela tradição determinista que continuou viva ao longo do século XX, apesar de auto-retificações parciais. Daí, a originalidade temerária das suas tentativas de identificar no que chama de "impulsos mais fundamentais do homem gerados pela necessidade de auto-identificar-se e de situar-se no universo" a existência de forças que poderiam enfrentar galhardamente as tendências reprodutivas do capitalismo globalizado. Impulsos fundamentais que seriam "a matriz da atividade criativa", exemplificada no texto como *reflexão filosófica, meditação mística, invenção artística e pesquisa científica básica.* Inventividade e criatividade são os termos que Celso Furtado privilegia no seu esforço de contrastar os mecanismos de reprodução vigentes nesta época de mundialização do capitalismo.

Constrói-se, neste capítulo, uma interação às vezes convergente, às vezes conflitante, entre os termos que o encimam: acumulação e criatividade. A princípio, fatores francamente econômicos como *excedente* e *acumulação* são postulados como pré-requisitos da criatividade social: estamos ainda no universo das causalidades próprio das ciências positivas. Em seguida, o pensador vai à história e observa que níveis baixos de acumulação conviveram com momentos de extraordinária criação cultural, e o exemplo dos gregos, que já fascinava Marx, vem à tona relativizando a proposição inicial. Por fim, em face dos mecanismos da sociedade industrial contemporânea, o observador não pode deixar de constatar (e lamentar) a subordinação da inventividade ao consumismo irresponsável incitado pelo mercado. Prevalece agora, mais do que nunca, "a lógica dos meios", a lógica dos *mass media*, e este é o ponto em torno do qual e contra o qual todo projeto transformador deve girar.

Em contraste com a atual "criação cumulativa de bens" Celso Furtado reconhece a existência de uma estreita faixa de produção cultural responsável pelo que chama "criação não acumulativa". A capacidade inventiva, nesse caso, já não seria dependente em primeira instância da lógica dos meios, mas "da consciência de valores finais". É surpreendente (para quem ainda julga Celso Furtado só em termos de severo estudioso de economia...) encontrar neste seu discurso crítico a menção feita ao romantismo, que é caracterizado como "a última visão global do homem que emergiu no mundo ocidental. Essa visão projeta uma personalidade que corajosamente assume o próprio destino ao mesmo tempo que busca manter-se em harmonia com a natureza". O exemplo dado é o da *Ifigênia* de Goethe, obra-prima, na qual Celso Furtado entrevê "uma nova imagem do homem" sobrepondo-se "às forças transcendentes do destino", e "que por um século definiria o rumo da criatividade artística na Europa".

O período citado não é apenas a expressão de um sentimento pessoal de admiração pelos valores éticos que emanam das obras de Goethe e de grandes poetas e artistas românticos do século XIX. Repare-se em que o autor traz ao primeiro plano da sua apreciação do drama poético de Goethe dois valores fundamentais: a corajosa assunção do próprio destino, que marca a luta do indivíduo moderno contra forças que o assediam; e a relação do ser humano com a natureza, que começava a ser ameaçada pelo capitalismo industrial no início do século. Ora, na seqüência desta passagem sobre criatividade e inventividade, seriam precisamente as *novas práticas políticas* e as *novas exigências ambientais* os componentes efetivos que deveriam integrar qualquer projeto de "verdadeiro desenvolvimento".*

* As exigências de conservação ambiental seriam explicitadas em algumas passagens do sexto capítulo, "Dependência num mundo unificado", em que o autor discute o problema dos recursos não renováveis.

O sistema industrial, que está hoje descambando para a predação consumista e a adaptação funcional das classes trabalhadoras ao neocapitalismo, já inventou formas democráticas resistentes à dominação. Celso Furtado encarece a criação da *sociedade anônima* como uma forma alternativa à tirania do patrão absoluto da empresa. E, do lado do operariado, a invenção da *greve* — "essa instituição *sui generis* que faz possível o uso controlado da violência fora do Estado". Este, por sua vez, foi compelido a instituir um subsistema de *arbitragem* conferindo estatuto jurídico aos embates entre o trabalho e o capital. Trata-se de efeitos da *convivência política* gerada por tensões internas ao próprio sistema. E aqui, sem alardear pressupostos hegeliano-marxistas, é evidente que o nosso pensador entrou em pleno discurso da criação *via* contradição, ou seja, mediante a negação e a superação do *status quo*.

Voltando o olhar para as sociedades que encetaram tardiamente o seu processo de modernização industrial em um quadro de dependência, Celso Furtado reconhece a dificuldade (mas não a impossibilidade) de forjar instituições políticas e sindicais realmente democráticas. Essas nações têm conhecido longos períodos de autoritarismo com intervalos de populismo — situações em que a massa de trabalhadores vive em regime de tutela. Furtado admite com boa dose de realismo que, mesmo nessa condição, podem ocorrer "inovações institucionais de longo alcance" (o efeito civilizador das leis trabalhistas no Brasil pós-30 por obra da política getulista é patente), mas não deixa de salientar que definha, nesse quadro, a criatividade política. Como no ajuizamento de outras situações próprias das sociedades latino-americanas, o olhar do pensador holístico é capaz de avaliar com raro senso de equilíbrio tanto o risco do "mimetismo ideológico" como a "valia das instituições transplantadas" para "a evolução das formas sociais". Não há no discurso ponderado de Celso Furtado nenhum laivo de recusa provinciana de idéias e instituições nascidas e experimentadas em outras formações nacionais; ao mesmo tempo, o seu texto veicula uma aspiração constante para a consecução de atividades culturais e políticas que renovem, por dentro, qualquer programa de desenvolvimento das sociedades dependentes. Entre o transplante e a criatividade há um considerável espaço de manobra, que deve ser palmilhado às vezes passo a passo pelos países "em desenvolvimento".

"Dependência num mundo unificado" é um capítulo denso e rico de enfoques abrangentes sobre o processo de globalização que, salvo alterações conjunturais, valem para o entendimento da situação presente da economia mundial. As vias pelas quais ainda se mantém o esquema geral de dependência são iluminadas pelo foco de uma inteligência que não quer chegar a sínteses apressadas sem atravessar a análise de cada fator relevante do conjunto.

Avulta a realidade imponente de um mercado globalizado, e essa constatação pode ser um ponto de partida promissor para o exame de uma rede de dominações. Celso Furtado destaca a dominação tecnológica exercida pelas economias altamente desenvolvidas, e que lhe parece constituir o cerne vivo de todo o processo. Da parte das nações dependentes, a exploração indiscriminada dos recursos não renováveis drenados para as economias centrais e a reprodução de mão-de-obra disponível e barata são fatores de perpetuação do desnível entre os dois pólos. Excetuando a China (sobre a qual Furtado faz observações originais que poderiam ser testadas à luz da situação atual), não haveria ainda nos países periféricos a construção de projetos alternativos sólidos e de longo alcance que reverteriam a sua condição dependente. Os estados nacionais e as organizações sociais precisariam travar um jogo de braço com as manobras das empresas multinacionais, o que requer determinação, coragem e inventividade. O esquema de forças é notoriamente assimétrico. Nos termos de Celso Furtado:

> Ocorre que as atividades econômicas se estruturam mais e mais no quadro de oligopólios, cujas regras de conduta não são facilmente afetadas por um Estado nacional. Aumentou a importância do comércio internacional como *motor de crescimento*, ao mesmo tempo que se reduzia a capacidade de iniciativa do Estado nesse setor.

A esta redução do poder regulador do Estado-providência cumpre acrescentar os limites impostos às lutas dos assalariados. A estes parece não restar senão o projeto de ocupar uma parcela do poder político, integrando-se em partidos social-democráticos de vário espectro e denominação, pois o confronto direto se teria revelado, pelo menos a curto prazo, inviável. Não é preciso sublinhar que a posição de Celso Furtado sempre foi coerentemente reformista. Na sua concepção política, as organizações sociais devem pressionar o aparelho estatal para a realização de seus objetivos democratizantes, já que elas não teriam atualmente condições institucionais para tomar em suas mãos o poder de decisões globais. Não deixa, porém, de ser significativa esta sua afirmação: "A questão central continuará a ser a de geração de formas de vontade coletiva da periferia, pois somente assim o potencial de recursos de poder poderá ser ativado."

Em face de obstáculos de todo tipo, a esperança de transformações sociais efetivas deveria voltar-se para alguns objetivos claramente delineados. Celso Furtado propõe que os países dependentes vendam caro os seus recursos não renováveis, objeto de cobiça dos países ricos. Igualmente seria necessário frear a tendência à superexploração da mão-de-obra que, dentro e fora das fronteiras nacionais, contribui para a acumulação de riqueza das empresas multinacionais e de suas respectivas matrizes. Para a realização dessa dupla estratégia de valorização dos recursos naturais e humanos, torna-se imperiosa a política de *coligação regional das nações periféricas* sob a forma de convenções multilaterais e mercados comuns. A interdependência corrigiria, em parte, certas formas mais agressivas de dependência.

Nessa ordem de considerações, nada parece mais contraproducente ao nosso pensador holístico do que a existência de rivalidades entre os países dependentes, cujo limite catastrófico seria uma corrida armamentista e uma competição por artefatos nucleares, o que faria submergir no caos todos os esforços até então envidados para superar os males da dependência. Assim, um projeto de desenvolvimento é intrinsecamente um projeto pela paz.

Fiel a seu desígnio de escrever um "antilivro acadêmico", Celso Furtado termina *Criatividade e dependência* com um ensaio livre das constrições metodológicas desta ou daquela ciência social e, em particular, da economia universitária. Nas páginas finais ele alça vôo na direção de um horizonte de pensamento que dialoga com diversas correntes filosóficas, estéticas e políticas, tendo por fio condutor um só valor, a criação de uma sociedade em que as potencialidades do indivíduo e do seu grupo se atualizem livremente. Não estranhe o leitor os trechos em que Celso Furtado se reporta ao pensamento de Nietzsche para confortar a sua proposta de libertação integral do homem contemporâneo. A sua aspiração pode ser assim formulada: que a atual submissão dos fins do ser humano aos meios seja revertida em prol de uma transmutação dos valores que regem a barbárie do consumismo de massas e a insensibilidade dos detentores do capital internacional.

Se o quadro das determinações econômicas descrito ao longo da obra tendia a uma leitura desenganada, aqui e ali sombria, do nosso aqui-e-agora, o capítulo final é holístico, tem senso do futuro e não por acaso se intitula "Em busca de uma visão global". Celso Furtado mapeia várias frentes de resistência que a reação à violência do sistema vem despertando quer nos países abastados, quer nos países pobres. O espectro é amplo e nos apresenta desde a luta contra a disseminação da tecnologia nuclear até a difusão planetária de uma consciência ecológica que teve seu primeiro alerta na reunião do Clube de Roma, em 1972, de onde saiu a tese da necessidade de fixar limites ao consumismo predatório, mote que Celso Furtado glosaria em suas últimas obras. Outras dimensões da resistência, o pensador as reconhece na arte do século XX: as vanguardas expressionistas ou surrealistas (e mais tarde, os criadores da arte pobre e da arte mínima) exprimiram de modos díspares a revolta contra a desumanização a que nos tem conduzido a prepotência do mercado e da tecnoburocracia.

Enfim, vem à tona uma esperança que diz o quanto Celso Furtado foi superando, pela via de uma dura experiência, a sua confiança aparentemente exclusiva na ação do Estado como agente transformador das estruturas sociais iníquas. Chamo a atenção do leitor para estas palavras em que ressoam convicções visceralmente democráticas: "O ressurgimento da atividade política direta poderá ser o ponto de partida para a neutralização das forças que estão produzindo a burocratização da vida política nas sociedades industriais".

Não vejo melhor epígrafe para um ensaio que ainda está por fazer e que teria por objeto a atualidade política do pensamento de Celso Furtado.

Cotia, dia do 216º aniversário da morte de Tiradentes

Alfredo Bosi

Prefácio do autor à edição original

As páginas que seguem pretendem ser um antilivro acadêmico. Os problemas aí abordados são demasiado amplos para caber nos tubos de ensaio das ciências sociais. O que não os impede de aparecerem nos tratados mais sisudos com disfarces ao gosto de cada um. O fio condutor é a perplexidade do autor em face do mundo de sombras que contorna as minúsculas clareiras em que se arrincoam as ditas ciências. A essa perplexidade deve-se que o mesmo problema haja sido abordado de vários ângulos e que se insista em descobrir a mesma realidade em muitos problemas. Se a matéria é imprecisa, os métodos insuficientes, como pretender linearidade na abertura do caminho?

Neste ano em que comemoramos o bicentenário da morte desse vagabundo intelectual que foi Jean-Jacques Rousseau, é natural que muitos nos interroguemos sobre a significação real de nossos exercícios acadêmicos. Estas páginas foram escritas inicialmente com essa intenção: notas desse diálogo que mantemos incessantemente com as sombras que entrevemos. Como nas composições seriais, excluem-se as idéias de tônica e de dominante e a massa sonora é explorada em todas as direções; dessa liberdade surge uma nova estrutura, vetor da mensagem do compositor. É com este estado de espírito que se deve ler o que segue: nem tônica, nem dominante: de qualquer ponto todo o horizonte deve descortinar-se.

Paris, julho de 1978

1. Poder e espaço numa economia que se globaliza

A inusitada expansão da economia mundial que caracterizou o terceiro quartel do século XX pôs em evidência duas ordens de problemas que na evolução anterior da civilização industrial haviam permanecido na sombra. A primeira concerne ao comportamento de conjunto da economia internacional: à fiabilidade dos centros de decisão responsáveis por sua coordenação, à origem e propagação de processos desestabilizadores das economias nacionais, à legitimidade do poder que exercem os agentes que se apropriam do excedente gerado pelas transações internacionais e que comandam a crescente concentração geográfica da renda e da riqueza. A segunda ordem de problemas diz respeito às conseqüências, dentro das economias nacionais, da crescente complexidade da trama de relações internacionais, tidas em conta as formas particulares de inserção no sistema de divisão internacional do trabalho.

A idéia de economia mundial, ou mesmo a mais restrita de sistema capitalista global, dificilmente encontra lugar na análise econômica. A teoria dos mercados internacionais funda-se em pressupostos microeconômicos, caso especial que é da teoria do equilíbrio geral. A verdadeira ruptura com a racionalidade microeconômica, introduzida pela macroeconomia, decorre da inserção na análise de uma entidade nacional estruturada, com centros de decisão capacitados para interpretar interesses comuns, definir objetivos globais e assegurar a coordenação das iniciativas particulares em função da consecução desses objetivos. Daí os dois planos autônomos epistemológicos que servem de eixos à análise econômica: o dos agentes individuais, por definição incapacitados para modificar premeditadamente a estrutura do sistema; e o dos agregados nacionais, fundado no pressuposto de que o comportamento de determinadas amálgamas de agentes pode ser objeto de previsão e portanto de orientação. Ao introduzir um imposto ao consumo de certos bens, o Estado provoca diretamente modificação no comportamento de um grupo de agentes e no de outros grupos indiretamente. Na medida em que o comportamento desses distintos grupos pode ser previsto, dá-se por existente uma racionalidade macroeconômica. Do ponto de vista do analista microeconômico, a introdução de um imposto ao consumo surge como a modificação de um parâmetro, cujo efeito se esgota na reação do consumidor. O conhecimento da natureza do fator que modifica (intencionalmente ou não) o comportamento do consumidor — no caso a política fiscal — é essencial para que se possa introduzir o conceito de racionalidade macroeconômica, mas não tem maior significação do ponto de vista da compreensão do comportamento do agente individual, que reage em face da elevação do preço, independentemente da causa desta.

A suposta identificação de dois planos de racionalidade, se facilita a apresentação nos manuais escolares do funcionamento de um sistema econômico, leva a pensar erroneamente que os agregados são efetivamente a soma de elementos homogêneos: de agentes que reagem de forma basicamente similar em face de modificações do contexto, tais como as que resultam de decisões visando a interferir no comportamento de uma "variável macroeconômica". Ainda que não explicitado, esse pressuposto existe e é falso. A elevação dos preços de um produto pode provocar reações as mais diversas: certos consumidores intensificarão a própria demanda, outros a reduzirão, e ainda outros haverá que permanecerão indiferentes. Tais diferenças qualitativas são apagadas pela soma algébrica que permite construir a variável macroeconômica.

A ruptura no plano da racionalidade ocorre quando o agente está capacitado para modificar o meio em que atua, apresentando no seu comportamento um fator volitivo criador de novo contexto. O campo do possível amplia-se, e a racionalidade passa a requerer uma visão mais abrangente da realidade. Assumindo a criatividade, o agente impõe a própria vontade, consciente ou inconscientemente, àqueles que são atingidos em seus interesses pelas decisões que ele toma. Implícito na criatividade existe, portanto, um elemento de poder. O comportamento do agente que não exerce poder é simplesmente adaptativo: identificada a incidência dos fatores aleatórios, esse comportamento pode ser previsto com relativa facilidade. A faculdade de transformar o contexto em que atua eleva o agente à posição de elemento motor do sistema econômico. A interação entre os elementos motores assume formas complexas, que escapam à capacidade descritiva das variáveis macroeconômicas. Entre o agente de comportamento puramente adaptativo e aquele cujas decisões modificam o comportamento de milhares de outros agentes, ou mesmo da maioria dos membros de uma sociedade, pode-se facilmente imaginar toda uma gama de tipos. Mas, em qualquer situação concreta, não é difícil identificar os agentes, ou grupos de agentes, cujas decisões relativamente homogêneas cabe observar se se pretende compreender o comportamento de um dado sistema. Constitui, evidentemente, uma forma de poder a capacidade de iniciativa desses agentes privilegiados que modificam o contexto em que atuam ou que evitam que outros o modifiquem contra seus interesses. O poder econômico tem de comum com o poder político essa faculdade de impor a uma coletividade a visão globalizadora, sem a qual não seria possível falar de racionalidade macrossocial.

A grande empresa que, isoladamente ou no quadro de um oligopólio, administra preços, condiciona os hábitos dos consumidores, modifica os mercados mediante o crédito exerce de forma inequívoca um amplo poder. Em realidade, a grande empresa *planifica* setorialmente uma parte da atividade de um sistema econômico, o que não implica necessariamente que ela execute diretamente ou controle totalmente a área de atividades considerada. Recursos de organização, como o regime de subcontratação, permitem conciliar um grau elevado de planejamento setorial com considerável flexibilidade no nível da execução. Por outro lado, as barreiras à entrada, que caracterizam os oligopólios, criam condições para um planejamento da atividade empresarial a médio e longo prazos dentro de margens de risco relativamente estreitas.

Mas não somente a capacidade de iniciativa inovadora define o conteúdo de poder de uma decisão econômica. Decisões há que visam exatamente a limitar o poder de iniciativa de certos agentes; ou a canalizar esse poder em função de objetivos de ordem mais geral, como é o caso da estabilidade do sistema. A criação de meios de pagamento, por exemplo, resulta freqüentemente de iniciativas tomadas no plano microeconômico, mas requer uma coordenação tanto mais elaborada quanto mais importante for o papel do crédito no sistema. O mesmo caráter disciplinador têm certas decisões relacionadas com o mercado de mão-de-obra, com o uso de recursos não renováveis, com a liquidez externa etc. É a partir da identificação dos centros de onde emanam essas decisões destinadas a compatibilizar as iniciativas da multiplicidade de agentes, que exercem poder em graus distintos, que se define o perfil de um sistema econômico. A necessidade de lograr um certo grau de coerência entre as atuações desses centros coordenadores explica a presença de um centro hegemônico como elemento tutelar das atividades econômicas. O que se chama racionalidade macroeconômica não é mais do que a percepção *ex-post* da coerência obtida mediante o esforço coordenador desse centro hegemônico.

A ação de um centro emissor de decisões coordenadoras pode esgotar-se em certo espaço geográfico ou pode confinar-se setorialmente. Mas em face da interdependência crescente das áreas geográficas de um país e do aprofundamento da divisão social do trabalho, impôs-se a necessidade de articular tais centros em função de um conjunto coerente de diretrizes. Essa unidade de orientação, referida como *política econômica*, foi obtida graças à emergência, a partir do século XVIII, dos modernos Estados nacionais. O problema é basicamente similar no que respeita às atividades econômicas internacionais. Estas se apresentam, inicialmente, como simples extensão das atividades das empresas. Que uma economia nacional amplie sua base de recursos naturais mediante transações externas, ou complemente seu mercado interno de forma a ter acesso à economia de escala, encontra fácil explicação no quadro da racionalidade das empresas que a constituem. Com efeito: os critérios de racionalidade de uma empresa são os mesmos, opere ela num mercado que se situa dentro do país ou noutro situado no exterior. Mas, do ponto de vista dos centros coordenadores, as relações externas introduzem elementos que contribuem para dar maior complexidade aos problemas. A empresa que exporta é paga em moeda distinta, negociada em mercado especial, cuja coordenação coloca questões delicadas. Mais ainda: as operações externas de uma empresa geram efeitos secundários que podem escapar ao poder coordenador dos centros responsáveis pela política econômica nacional.

Consideremos o mercado de um produto típico qualquer. Dadas as condições conjunturais e a "forma do mercado", o preço tende a estabelecer-se favorecendo este ou aquele agente ou grupo de agentes; as transferências de renda que decorrem das oscilações desse preço não afetam de forma direta o nível da renda global. Distinto é o caso se a transação se efetua com o exterior: a oscilação no preço não somente afetará o nível global da renda interna mas terá outros efeitos macroeconômicos secundários, pois modificará a capacidade de pagamento do conjunto do sistema no exterior. Ao transacionar com o exterior, a empresa atua simultaneamente como representante de seus interesses próprios — e nisso a operação é idêntica a outra qualquer — e dos interesses do sistema econômico em que está inserida. Teoricamente, se os recursos financeiros, de mão-de-obra, técnicos e outros que a empresa utiliza estiverem recebendo a melhor aplicação (sendo pagos de acordo com as mais altas tarifas prevalentes nos mercados), a transação com o exterior trará necessariamente vantagens ao sistema econômico. Essa utilização "óptima" de recursos pode fundar-se em subsídios à exportação e barreiras à importação. Também nesse caso, a ruptura no plano de racionalidade decorre da atuação de agentes capacitados para modificar o contexto em que atua a empresa. Mas a situação pode ser distinta se a empresa está implantada em mais de um sistema econômico. Nesse caso ela tem à sua disposição recursos de poder que podem liberá-la, ainda que parcialmente, da ação constritiva exercida pelos centros coordenadores nacionais. Esse maior grau de autonomia das empresas no plano internacional dá origem a um conjunto de atividades com especificidade própria.

As operações de mercado são, via de regra, transações entre agentes de poder desigual. Com efeito: a razão de ser do comércio — expressão de um sistema de divisão do trabalho — está na criação de um excedente cuja apropriação não se funda em nenhuma lei natural. As formas "imperfeitas" de mercado a que se refere o economista não são outra coisa senão um eufemismo para descrever o resultado *ex-post* da imposição da vontade de certos agentes nessa apropriação. Posto que todos os mercados são de alguma forma "imperfeitos", as atividades de intercâmbio engendram necessariamente um processo de concentração de riqueza e poder. Daí a tendência estrutural, observada desde os primórdios do capitalismo industrial, para a formação de grandes empresas. Muitos observadores inferiram erroneamente dessa observação que as pequenas empresas tenderiam a desaparecer. Mas a experiência demonstraria que elas são insubstituíveis no exercício de importantes funções: sem as pequenas empresas o sistema capitalista perderia consideravelmente não só em flexibilidade mas também em inventividade e iniciativa.

Outro traço marcante da evolução do capitalismo industrial tem sido a elevação do salário real, a qual acompanha o aumento da dotação de capital por trabalhador, contrapartida da tendência estrutural à escassez relativa de mão-de-obra nos sistemas de mais avançada acumulação. Em uma época de tecnologia *labor-intensive*, a orientação do potencial acumulativo para o sistema produtivo teria de engendrar pressão nos mercados de mão-de-obra. As migrações entre países, o aumento da taxa de crescimento vegetativo de importantes grupos populacionais, a drenagem da formidável reserva de mão-de-obra que eram as zonas rurais, a integração das mulheres ao mercado de trabalho e, acima de tudo, a orientação dada ao progresso técnico, no sentido de poupar mão-de-obra, não impediriam que, por toda parte onde, no século XIX, se implantou solidamente o capitalismo industrial, ocorresse uma notória elevação do salário real da massa trabalhadora. Essa elevação variou de região para região, não só em função da rapidez do processo acumulativo mas também da incidência de outros fatores, tais como a abundância relativa de recursos naturais e o grau de organização da massa trabalhadora. Também interferiram fatores de ordem cultural e histórica, que inclusive explicam as disparidades nos padrões de remuneração do trabalho entre profissões e atividades. Sem embargo dessas disparidades, permanece o fato fundamental de que a taxa do salário médio real cresceu e quase sempre acompanhou o aumento da produtividade média do trabalho. Contudo, se a rápida acumulação certamente constitui causa necessária dos aumentos da remuneração do trabalhador, seria errôneo considerá-la como sua causa eficiente. Dada a formidável concentração do poder econômico, que conduz às sofisticadas formas de controle dos mercados que vieram a prevalecer, sem a organização das massas trabalhadoras e a combatividade que historicamente demonstraram, a evolução do capitalismo industrial muito provavelmente teria seguido uma linha de maior concentração social da renda, possivelmente combinada com uma mais vigorosa expansão externa, ou mais amplos gastos públicos de prestígio, agressão externa ou coisa similar. O que veio a prevalecer como sociedade nos países de capitalismo industrial não constituiu uma necessidade, e sim uma possibilidade histórica. E se essa possibilidade se concretizou, foi em grande parte graças ao poder que progressivamente exerceram as organizações das grandes maiorias sociais que vivem de vender no mercado sua capacidade de trabalho.

Portanto, na forma histórica que assumiu, o capitalismo industrial apresenta dois traços relevantes: *a*) grande concentração do poder econômico; e *b*) organização das massas assalariadas de elevada eficácia. A concentração do poder econômico, longe de levar à "espoliação das massas", como parecera aos primeiros teóricos do capitalismo monopolista, tendeu a transformar-se em força estimuladora da acumulação mediante a redução dos riscos e da instabilidade. Se a substituição dos mercados atomizados por estruturas empresariais, que se apóiam no planejamento a médio e longo prazos, favorece a intensificação da acumulação e o aprofundamento de seu horizonte no tempo, também é verdade que a maior estabilidade do mercado de mão-de-obra, que daí resulta, permite às organizações de trabalhadores aumentarem o seu poder combativo.

A transição do chamado sistema de mercado atomizado para o capitalismo organizado contemporâneo teria necessariamente repercussões nos centros coordenadores das atividades econômicas e na configuração geral das estruturas de poder. Praticamente em todos os setores de atividade existem empresas ou grupos razoavelmente estruturados de empresas cujo comportamento pesa globalmente sobre o sistema. O mesmo se pode dizer com respeito às organizações sindicais. Dessa forma, o conteúdo *político* das decisões econômicas, que permanecia encoberto nos mercados atomizados, torna-se evidente, bem como as implicações sociais da orientação que adotam os centros coordenadores. No capitalismo organizado já não faz sentido a ideologia segundo a qual a atividade dos centros coordenadores deve ser uma prolongação da "mão invisível" dos mercados atomizados. O poder político — concebido como capaz de modificar o comportamento de amplos grupos sociais — configura-se como uma estrutura complexa na qual as instituições que formam o Estado interagem com os grupos que dominam o processo de acumulação e com as organizações sociais capacitadas para interferir de forma significativa na distribuição da renda. À medida que amplia e diversifica sua esfera de ação, o Estado contribui para aumentar a complexidade do sistema de relações sociais sobre o qual atua, posto que ele mesmo dá origem a estratos sociais com interesses próprios.

Se deixamos de lado a visão economicista do capitalismo industrial como simples forma de organização da produção e o observamos como sistema de organização social, captamos sem dificuldade o real significado da considerável concentração de poder que hoje o caracteriza. É desse ângulo que se torna plenamente visível a vertiginosa evolução nele ocorrida em menos de um século. A grande empresa deve ser inicialmente observada como manifestação de condensação de poder, graças à qual meios consideráveis — recursos financeiros, acesso à tecnologia, controle da informação, privilégios de mercados, alianças com outros grupos que igualmente exercem poder — são submetidos a uma unidade de comando e aplicados com unidade de propósito. Só secundariamente cabe observá-la como concentração de riqueza, pois a propriedade de seus ativos pode estar dividida entre milhões de indivíduos e/ou instituições cujos objetivos não são necessariamente convergentes, e mesmo ser "coletiva", ou seja, de coletividades ou do Estado. Em síntese: a grande empresa é um conjunto organizado hierarquicamente de relações sociais que é posto a serviço de uma vontade programada para condicionar o comportamento de segmentos da sociedade.

Essa concentração de poder sob a forma de grandes empresas ocorreu simultaneamente com a ampliação das bases de sustentação do Estado, cuja representatividade estendeu-se a setores crescentes da sociedade. Do antigo voto censitário, que limitava o corpo eleitoral a uma fração privilegiada da sociedade, marchou-se decididamente para um efetivo regime de sufrágio universal. A essa evolução deve-se o desdobramento da esfera de ação do Estado, que se transformou em instrumento provedor de múltiplos serviços de interesse coletivo, particularmente no campo de assistência e da previdência sociais. Parte considerável do produto social passou a ter sua aplicação final definida pelo Estado, cuja orientação tenderia a influenciar decisivamente a própria evolução social. Ora, à medida que as grandes empresas se substituíram aos mercados, assumindo a administração dos preços, os centros coordenadores controlados pelo Estado tiveram seu campo de ação mais rigidamente delimitado. O planejamento setorial, em que se antecipam necessariamente essas empresas, restringe o campo de iniciativa do Estado e muitas vezes compromete a aplicação dos recursos de que este dispõe. Daí que as próprias diretrizes da política econômica surjam como motivo de disputa entre as grandes empresas e o Estado, na medida em que este reflete as aspirações de grupos mais amplos da sociedade. Destarte, o capitalismo industrial é uma forma de organização social cujo traço dominante é a complexidade da estrutura de poder, na qual eficácia e legitimidade competem em múltiplos planos. A capacidade de iniciativa permanece como o fator estratégico, pois a reprodução da estrutura de privilégios que caracteriza o sistema requer a transformação contínua deste. Esta a razão pela qual, não obstante a formidável diversificação da ação do Estado, as grandes empresas ocupam posição predominante: a elas corresponde o máximo de iniciativas no campo da acumulação e da orientação da criatividade.

Sem lugar a dúvida, é no plano internacional que a capacidade inovadora do capitalismo industrial mostra-se atualmente mais fecunda. Fizemos referência ao fato de que, do ponto de vista da empresa, as transações internacionais não se diferenciam qualitativamente das que ela realiza dentro das fronteiras do próprio país. Para a empresa que exporta, o mercado externo se apresenta como uma prolongação do mercado interno, tanto mais que, via de regra, as transações externas são realizadas indiretamente, por intermédio de agentes especializados. Mas a concentração do poder econômico, reforçada pelo avanço nas técnicas de comunicação, acarretaria modificações de monta nas chamadas relações econômicas internacionais, dando origem a um embrião de sistema econômico transnacional, cuja especificidade apenas começa a ser objeto de estudo.

A expansão das empresas, fora das fronteiras nacionais do país em que se originam, assumiu historicamente uma multiplicidade de formas. O controle das operações comerciais internacionais com freqüência prolongou-se em atividades industriais complementares da produção primário-exportadora. Assim, os frigoríficos, as usinas beneficiadoras de algodão, produtoras de azeites vegetais e outras similares servem para consolidar o controle pelos interesses comerciais dos fluxos de produtos primários destinados à exportação. Em casos especiais esse controle ganhou profundidade, estendendo-se à atividade produtora, dando origem ao sistema de "plantações" característico dos regimes coloniais. Outra linha de expansão internacional das empresas decorreu da preocupação em assegurar o acesso e o controle de fontes de matérias-primas minerais. Nesse setor o rápido avanço da técnica, tanto no que respeita à produção como ao transporte, favoreceu a concentração, em benefício dos grupos financeiramente mais poderosos. A integração internacional no seio da empresa, ou do grupo financeiro, fez-se nesse caso não apenas na direção comercial, como ocorreu com os produtos agrícolas, mas também na direção das atividades industriais localizadas nos países importadores. Tratava-se, simplesmente, de manifestação do processo de integração vertical das atividades produtivas. Contudo, a forma mais freqüente de expansão internacional das empresas consistiu na criação de subsidiárias ou filiais comerciais nos mercados importadores. Dessa maneira, as "transações internacionais" tenderam a assumir a forma de operações "internas" no âmbito de certos grupos de empresas. Por motivos vários, essa atividade comercial pode dar origem a atividades manufatureiras locais sob controle do grupo, e a partir daí abrir a porta a novas atividades comerciais. Assim, uma filial importadora de tecidos que penetra no comércio local de algodão pode transformar-se em exportadora desse produto para a matriz. As atividades de beneficiamento de algodão evoluem para a produção de azeites comestíveis, para a exportação de torta etc. Da mesma forma, uma filial importadora de máquinas de costura ou de automóveis, em face de uma pressão tarifária ou de uma política de incentivos à "substituição de importações", tende a enveredar pelo caminho da manufatura complementar local, procurando aumentar o seu faturamento sem gerar pressão adicional sobre a balança de pagamentos.

Muitos foram os caminhos que utilizaram as empresas para abrir um espaço plurinacional. Mas o objetivo último foi sempre o mesmo: gerar novos recursos de poder com vistas a aumentar ou manter o ritmo da própria expansão em face da concorrência de outras empresas e das pressões sociais emergentes neste ou naquele país. Conforme assinalamos, a evolução social, nos países capitalistas que lideram a civilização industrial, opôs ao crescente poder das empresas formas cada vez mais eficazes de organização social que pressionam no sentido de uma distribuição mais próxima de uma renda igualitária. Essa evolução aparece com transparência em países como a Suécia, onde ao lado de gigantescas empresas que comandam os setores mais dinâmicos da vida econômica perfilam-se poderosas organizações sociais com ponderáveis projeções políticas. Ainda que com menos nitidez, essa evolução está presente na totalidade dos países capitalistas de industrialização avançada.

O salto para além-fronteiras constitui para a empresa uma tentativa de recuperação da liberdade de manobra. Na nova área de ação ela irá confrontar-se com uma constelação de formações sociais heteróclitas, muitas das quais praticamente destituídas de organizações de defesa dos interesses das massas trabalhadoras. Este é particularmente o caso no que respeita aos países do chamado Terceiro Mundo. O contexto da internacionalização é, portanto, propício à volta da ação da empresa como instrumento de concentração da riqueza e da renda. Essa concentração ocorre inicialmente dentro dos próprios países do Terceiro Mundo, dada a inexistência de forças sociais internas neutralizadoras. Em seguida ela se manifesta internacionalmente, em benefício dos países a que pertencem as empresas em questão. Mas também nestes países ocorrem efeitos concentradores, pois a empresa que se expande no exterior amplia seu horizonte de opções, ou seja, aumenta sua margem de manobra na confrontação com as forças sociais no seu país de origem.

Múltiplas são as conseqüências da expansão internacional das empresas. Interessa-nos tão-somente assinalar o fato de que essa expansão deu origem a um processo de concentração de riqueza e renda em benefício dos países que controlam o capital dessas empresas. São complexas as causas desse processo. Fizemos referência ao desnível entre o considerável poder que enfeixam tais empresas e a desarticulação social que caracteriza a quase totalidade dos países do Terceiro Mundo em que elas atuam. Explica-se que a empresa pague em cada país salários fixados em função do mercado local de trabalho. Mas a quem irá beneficiar o baixo nível de salários deste ou daquele país? As condições prevalentes em determinado país podem levar a empresa a extrair uma renda da vantagem que lhe proporcionam recursos naturais generosos e/ou baixos salários. Demais, a empresa organizada numa área plurinacional administra um sistema de preços que enquadra uma série de transações internacionais efetuadas dentro do grupo. No âmbito de um país dotado de avançada organização social, a administração de preços nas transações internas de um grupo não acarreta necessariamente concentração da renda. Mas, atuando numa área plurinacional, abre-se à empresa a possibilidade de, mediante a administração dos preços, transferir recursos internacionalmente. O objetivo dessa transferência é sempre o mesmo: aumentar a taxa de retorno dos investimentos e facilitar o envio à matriz de lucros gerados pelas filiais.

A concentração internacional de renda que resulta da ação das grandes empresas é decorrência da situação global de dependência dos países em que se situam muitas de suas filiais, o que é a regra geral no que respeita ao Terceiro Mundo. Nos países com fortes organizações sociais, a penetração de grandes empresas estrangeiras também constitui importante traço da evolução atual do capitalismo. As maiores possibilidades de especialização internacional que daí resultam conduzem a uma mais rápida acumulação e a um maior índice de produtividade. Por outro lado, intensifica-se a concentração do poder econômico e reduz-se a eficácia da ação coordenadora do Estado. Mas nada indica que desse processo resulte uma tendência à concentração internacional da renda em detrimento do país em que penetram as empresas. A evidência pareceria ser em sentido inverso: a expansão internacional das empresas nos países do centro do mundo capitalista teria sido um dos fatores que contribuíram para a maior homogeneização dos níveis de produtividade e renda observada no quarto de século que se seguiu à Segunda Guerra Mundial.

A expansão da empresa além-fronteiras alcança sua forma mais complexa quando a atividade industrial é descentralizada geograficamente, especializando-se as unidades localizadas em países diversos em um ou vários dos *processos* que integram uma mesma atividade produtiva. Os processos *labor-intensive* são localizados ali onde existe acesso fácil a uma mão-de-obra semiqualificada de baixo nível de salários, os processos de montagem e acabamento, perto dos mercados de consumo, os processos poluentes, ali onde a legislação é menos restritiva, e assim por diante. É a esse tipo de estrutura empresarial que cabe com rigor o qualificativo de *transnacional*. Nele a organização do grupo no espaço plurinacional tem como eixo principal a atividade industrial. Nos demais grupos chamados de transnacionais, a predominância é comercial ou financeira.

Em síntese: as relações econômicas internacionais evoluíram no sentido de uma crescente complexidade ao mesmo tempo que o poder coordenador dessas relações se deslocava em boa parte dos Estados nacionais para as grandes empresas. Compreende-se, por conseguinte, que um tal processo haja suscitado reações principalmente de caráter político, o que precipitaria a tomada de consciência do papel que exercem os centros de poder (Estados nacionais e grandes empresas) na ordenação das relações econômicas entre países que se supõem politicamente soberanos.

A fim de tentar visualizar globalmente o problema, projetemos alguma luz sobre alguns de seus ângulos mais salientes. Consideremos o caso das relações internacionais que se formam em torno de um produto como o café, que não é produzido pelos principais países que o importam e não pode ser facilmente substituído na preferência dos consumidores. Uma baixa na bolsa de Nova York no preço do café é vista como reflexo de uma situação de mercado que favorece alguns especuladores e possivelmente os consumidores dos países que importam o produto. Nenhuma força organizada opera, dentro dos grandes países importadores, no sentido de frear essa baixa. Se a situação é de elasticidade da oferta, os limites à baixa serão estabelecidos pela capacidade dos países produtores para organizar essa oferta e assim atalhar as manobras dos agentes que procuram tirar partido da instabilidade intrínseca da produção cafeeira. Compreende-se, portanto, que os preços do café tendam a flutuar bruscamente e dentro de amplas margens, dando origem a vultosas transferências internacionais de renda. Se os países produtores de café fossem simples colônias dos países importadores, as flutuações de preços provocariam transferências de renda *apenas* dentro do país importador, e as manobras dos especuladores poderiam ser facilmente neutralizadas mediante a administração de um estoque estabilizador. A população metropolitana tiraria pleno proveito dos baixos salários pagos na colônia. Esta hipótese extrema nos permite ver com clareza que as organizações estatais dos países exportadores de café exercem, na formação dos preços desse produto, funções similares às que desempenham as organizações sociais dos países de industrialização avançada no processo de distribuição da renda.

Vejamos agora o caso de um produto primário importado que concorre com um similar local, a exemplo do açúcar que importam os Estados Unidos. A produção local subsiste graças a medidas protecionistas. Feita a reserva de mercado para a produção interna, o produto de origem externa é relegado a um mercado similar ao do café. Como grande parte da diferença entre o preço do mercado internacional e o do mercado interno reverte ao Estado sob a forma de impostos, os efeitos últimos sobre a distribuição da renda dependem da destinação desses recursos. À diferença do caso do café, uma baixa no mercado internacional provoca reações contraditórias: certas forças sociais pressionarão no sentido de aumentar as importações para reduzir o preço interno, outras requererão proteção adicional para defender o nível de emprego etc. O poder político do país importador desempenha neste caso uma função complementar à ação das forças sociais na definição do perfil de distribuição da renda interna, e também interfere no plano internacional ao arbitrar o nível das importações.

A situação faz-se mais complexa quando a produção se estrutura transnacionalmente. O valor da mão-de-obra, sendo um fenômeno social, define-se dentro de cada sociedade, mais precisamente no âmbito dos sistemas econômicos nacionais. Certo, o trabalho pode ser considerado em termos abstratos, independentemente do contexto em que se realiza, medido em unidades físicas. Mas essa é uma noção de reduzido alcance, se o que temos em vista é compreender as relações sociais que compõem o processo da produção. Se comparamos sistemas econômicos contemporâneos, constatamos que o valor da mão-de-obra — ou seja, o poder de compra do salário medido em termos de um conjunto de bens que satisfazem as necessidades básicas da população — varia em função da estrutura interna de dominação (a forma como é apropriado e utilizado o excedente social) e do nível de acumulação, o qual condiciona a produtividade física do trabalho. Se nos limitamos a observar sociedades capitalistas com organização interna similar, o segundo fator passa a ser determinante.

A transnacionalização da produção introduz mudanças significativas no quadro que vimos de apresentar. Assim, as empresas norte-americanas que localizam no México certas fases de sua atividade integram em um mesmo processo produtivo recursos pertencentes a dois sistemas econômicos diferentes. Os recursos de mão-de-obra mexicanos são incorporados ao sistema produtivo norte-americano sem que o valor dessa mão-de-obra seja concomitantemente elevado. Com efeito: os trabalhadores mexicanos não são integrados na sociedade norte-americana, portanto não se beneficiam do quadro institucional que responde pela distribuição da renda dentro dos Estados Unidos. A acumulação (e o avanço da técnica que a acompanha) é condição necessária mas não suficiente para elevar o valor do trabalho. Ao integrar no seu processo produtivo mão-de-obra inserida na sociedade mexicana, a empresa norte-americana aumenta a sua capacidade competitiva. A situação é similar ao que ocorreria a uma empresa que descobrisse um novo processo técnico que lhe permitisse reduzir substancialmente os gastos de mão-de-obra, mantidos constantes os demais fatores da formação dos custos de produção, e enquanto as forças sociais não se mobilizassem para elevar a taxa de salário. Durante esse período a empresa em questão estaria em posição privilegiada, podendo tanto aumentar sua participação no mercado, liquidando concorrentes, como extrair uma renda. Se o desenvolvimento da economia capitalista assumisse principalmente a forma de difusão das inovações que elevam a produtividade física do trabalho — o que está implícito nos teoremas da microeconomia —, a tendência geral seria para a baixa dos preços (não apenas relativos mas também absolutos) dos produtos diretamente beneficiados pela elevação de produtividade. O aumento dos salários reais constitui, entretanto, um método muito mais rápido de difusão dos frutos do aumento da produtividade física do trabalho em benefício do conjunto da população. Ao utilizar mão-de-obra mexicana, a empresa norte-americana consegue contornar as pressões sociais que respondem nos Estados Unidos pela valorização do trabalho.

As várias observações que acabamos de fazer apontam para a existência de dois eixos em torno dos quais se estruturam as forças que impulsionam o desenvolvimento das sociedades capitalistas: de um lado estão os agentes diretamente empenhados na acumulação, que chamamos simplificadamente de empresas; de outro estão as organizações sociais que lutam pela valorização do trabalho, ou seja, por difundir socialmente os frutos da crescente produtividade do trabalho que a acumulação engendra. Em uma economia nacional esses dois sistemas de forças estão articulados sob a tutela do Estado, cujas bases sociais de sustentação tenderam historicamente a ampliar-se.

A evolução recente das relações internacionais no mundo capitalista põe em evidência a emergência de um sistema global. A superestrutura tutelar desse sistema ainda se encontra em estado embrionário, mas os dois eixos referidos começam a definir-se com crescente nitidez. O conjunto de empresas transnacionais, responsáveis por parte crescente da acumulação, na totalidade dos países capitalistas, configura-se como o primeiro sistema de forças. Uma parcela crescente das transações entre sistemas nacionais já são operações internas dessas empresas, que enfeixam o quase-monopólio da inovação tecnológica. O outro sistema de forças se está constituindo mediante distintas formas de coalizão dos Estados nacionais, ali onde o atraso relativo da acumulação e a situação de dependência respondem pela insuficiência das organizações sociais. Tudo parece indicar que os Estados nacionais desempenharão, no sistema econômico mundial que está emergindo, funções similares — no que respeita à apropriação dos frutos dos aumentos de produtividade — às que couberam às organizações sociais no desenvolvimento das atuais nações capitalistas mais avançadas na acumulação. Como o desenvolvimento das organizações sociais é muito maior nesses países, existe uma tendência estrutural, nas relações entre países capitalistas, no sentido de concentrar os frutos dos aumentos de produtividade gerados pela expansão das relações internacionais em benefício dos países mais ricos. Essa tendência somente pode ser modificada se se consolidam e desenvolvem as forças que nos países do Terceiro Mundo enfrentam atualmente as empresas transnacionais na luta pela apropriação do excedente. As coalizões entre Estados — visando a organizar a oferta de certos produtos agrícolas, ou de um recurso não renovável, a disputar o acesso a uma tecnologia, a solucionar um problema financeiro, ou mesmo a disputar o controle de um centro de decisões de âmbito internacional — estão emergindo sob as mais diversas formas, inspiradas todas pelo propósito de gerar poder e assim modificar a relação de forças face às empresas transnacionais e aos poderosos Estados em que estas se apóiam. Por trás de todo esse processo está a expansão das atividades internacionais, provocada pela intensa acumulação ocorrida nos centros industriais no correr dos últimos decênios, a qual por seu lado engendra pressão sobre os recursos localizados na periferia do mundo industrializado. Não é a primeira vez na história do capitalismo que a uma mutação significativa no plano econômico corresponde uma resposta de natureza essencialmente política.

2. Emergência e difusão da civilização industrial I

A compreensão dos problemas com que se defrontam atualmente as economias dependentes requer uma visão histórica e estrutural do capitalismo industrial. A acumulação, em cujo bojo este se gerou, foi precedida por um processo de ampliação do excedente comercial. Porque abre as portas à especialização, o comércio causa aumentos de produtividade, ao mesmo tempo que facilita a difusão dos valores culturais dos povos que o promovem. Sem dúvida, a abertura de certas linhas de comércio requer investimentos prévios de monta. Assim, a descoberta da rota das Índias pelos portugueses, em fins do século XV, baseou-se em consideráveis investimentos na ciência e na técnica da navegação de longo curso, na técnica da construção naval, no levantamento cartográfico de extensas áreas, na formação de pessoal altamente especializado. Mais de um século de esforços conscientemente orientados separam os primeiros ensaios de exploração marítima nas costas africanas da chegada de Vasco da Gama às Índias. Mas, aberta a linha de comércio, a redução nos custos de transporte e a eliminação de toda uma cadeia de intermediários proporcionaram lucros consideráveis aos portugueses.

A abertura de linhas comerciais de amplitude planetária, na primeira metade do século XVI, está na origem do processo acumulativo que conduziria à Revolução Industrial. Esse longo processo não se caracteriza propriamente por mudanças de monta nas técnicas de produção. É graças à crescente incorporação de novas linhas de comércio e à ativação de novos recursos de metais preciosos, de solos e de mão-de-obra submetida a regime escravo ou servil que se expande o excedente drenado para certas regiões da Europa, com amplas conseqüências para as atividades produtivas preexistentes e reflexos no plano social.

A observação desse período multissecular, durante o qual se gera a civilização industrial, constitui a chave para identificar os traços mais característicos das sociedades capitalistas contemporâneas. A intensificação das atividades econômicas em certas regiões da Europa Ocidental, nessa fase decisiva da história moderna que Fernand Braudel chamou de "longo século XVI", reflete em grande parte a ação dominadora que os europeus exerceram sobre outros povos em uma área que se expandiu até alcançar os confins do planeta. Os ricos mercados do Sudeste Asiático, que numa primeira fase seriam em grande parte pilhados, o formidável reservatório de mão-de-obra descoberto na África e nas Américas e as reservas de metais preciosos destas últimas ampliaram vertiginosamente as bases da economia européia no que respeita à sua capacidade de geração de excedente. Era o raio de ação das atividades econômicas dos europeus que se dilatava, e não propriamente as forças produtivas que se desenvolviam. O avanço que possuíam os europeus na tecnologia militar transformou-se em formidável instrumento de expansão geográfica quando frutificou o longo esforço para desenvolver os meios de navegação e transportes marítimos transoceânicos. A conjugação dessas duas tecnologias produziria o *poder naval*, que permitia agir de surpresa e evitar toda confrontação que envolvesse riscos elevados. Assim, os portugueses, com limitados recursos humanos, mas com uma mobilidade que se traduzia no monopólio da iniciativa, puseram em xeque no sul da Ásia o poder do Império Otomano e durante um século mantiveram sob seu estrito controle o rendoso comércio transoceânico no âmbito do hemisfério oriental.

O fato decisivo nessa fase da evolução econômica européia consiste na considerável ampliação do excedente, sem que a isso correspondam modificações significativas nas forças produtivas. A posição de força que assumem os europeus em muitas das regiões que "descobrem" permite-lhes extrair um excedente por via autoritária, além daquele que lhes advém de operações comerciais. Nas Américas, onde a conquista dos impérios asteca e inca produzirá um substancioso butim sob a forma de metais preciosos, a extração de excedente será principalmente por via autoritária, prevalecendo a escravidão e distintas formas de trabalho servil na organização da produção. As populações nativas das Américas e os milhões de africanos transplantados para as terras americanas pagaram o mais alto tributo, nessa fase da acumulação européia. Por outro lado, o influxo de metais preciosos na Europa viria estimular as atividades comerciais internas e permitir a monetização de parte do excedente gerado localmente e que antes era utilizado *in natura*, emprestando-lhe maior mobilidade.

A história social e política da Europa no período a que nos estamos referindo está intimamente vinculada ao processo de absorção desse excedente, que se expandia por indução externa. Em alguns países coube ao Estado, mais precisamente à Coroa, o papel central na "reciclagem" (como se diria hoje em dia) dos recursos originados pela expansão externa. A Espanha dos Áustrias é o caso exemplar: os novos recursos foram principalmente utilizados para financiar guerras prestigiosas na Europa e para subsidiar estruturas sociais ossificadas de caráter crescentemente parasitário. Certo: esta é uma visão simplista, que ignora o fato essencial de que o influxo de metais preciosos, concentrando-se na Espanha, quase obrigatoriamente teria que elevar-lhe o nível de preços com respeito aos países que tinham acesso ao seu mercado interno, o que estimulava as importações e desorganizava setores da produção local. Mas, quaisquer que hajam sido os processos econômicos, no plano social os resultados não deixam lugar a dúvida: persistência das velhas estruturas de dominação em simbiose com um Estado chamado a ampliar consideravelmente suas atividades administrativas para fazer face aos múltiplos problemas causados pela expansão exterior.

Mas não foi a experiência espanhola a que marcou a história social moderna da Europa. Nos casos de maior relevo, o Estado tenderia a transformar-se em arena na qual iam penetrando as novas forças sociais que o excedente em expansão estava reforçando. As transformações subseqüentes do sistema de dominação social, que viriam a ser conhecidas como "revolução burguesa", constituem a fase decisiva da formação das sociedades capitalistas de nossa época. A revolução burguesa não é outra coisa senão a forma particular que assumiu a evolução social européia. Isolá-la de seu contexto histórico e ligá-la "necessariamente" ao desenvolvimento das formas produtivas é transformá-la em um conceito cujo alcance explicativo já está contido na teoria do desenvolvimento das forças produtivas, da qual se parte.

O conceito de "classe em ascensão" corresponde melhor ao que têm em vista aqueles que vêem na revolução burguesa a simples conquista da posição hegemônica pela classe mercantil. Tampouco existe evidência histórica de que a ascensão da classe mercantil se confunde com o avanço do capitalismo. Não foram as repúblicas mercantis do Mediterrâneo ou do Báltico e nem mesmo os Países Baixos que produziram o capitalismo industrial.

O avanço do capitalismo, no sentido de sua complexidade, ocorreu naquelas regiões européias em que a ascensão da classe burguesa (fundada na expansão do excedente de origem mercantil) assumiu a forma de entrosamento desta com grupos dominantes tradicionais. As companhias de comércio, dotadas de amplos poderes delegados pelo Estado, surgidas nos Países Baixos e na Inglaterra desde fins do século XVI, permitiram aos próprios reis e a muitos elementos dos grupos tradicionais de poder cooperarem diretamente com os comerciantes em suas lucrativas operações ultramarinas. Das poderosas posições financeiras que ia construindo, a grande burguesia foi abrindo caminhos de acesso aos centros de decisão e obtendo (e ocasionalmente impondo) mudanças institucionais que permitiam ampliar sua área de ação. Graças a essas mudanças, os critérios básicos que regem a atividade mercantil (livre-iniciativa, livre contratação, livre circulação) puderam ser estendidos a novos e crescentes setores da vida social. Assim foram progressivamente destruídas as corporações de ofício, que obstaculizavam a livre organização da produção, e foi desarticulado o rígido controle exercido sobre a população rural pela oligarquia territorial.

Foi a subordinação das atividades diretamente produtivas aos critérios mercantis — mediante o desmantelamento das corporações e a usura ou eliminação dos privilégios feudais — que conduziu à gestação da Revolução Industrial, essa mutação histórica que pôs em marcha o rápido processo de desenvolvimento das forças produtivas, característico do capitalismo contemporâneo. A subordinação das atividades diretamente produtivas à lógica do mercado significou a transformação dos recursos produtivos primários — a força de trabalho do homem e a terra — em mercadoria, ou seja, em objetos que se transacionam com base em um valor de troca. Como os mercados estão sob o controle daqueles que dispõem de uma acumulação prévia, a integração nos mercados de uma parcela crescente da população como força de trabalho e das terras como fator de produção traduzia-se em fortalecimento da posição da classe mercantil, ou burguesia, na estrutura de poder. A pressão sobre o quadro institucional preexistente tendia portanto a auto-alimentar-se. É esse processo, pelo qual a ampliação do excedente, induzida por fatores externos, leva a deslocações no sistema de dominação social (das quais resultam modificações fundamentais na organização da produção), que é específico da história européia. A civilização industrial gerou-se em seu bojo, portanto dentro de um contexto histórico perfeitamente delimitado. A sua difusão pertence a outro processo histórico, que de nenhuma maneira pode ser compreendido a partir de um quadro conceitual, derivado estritamente da experiência original européia.

A prevalência dos critérios de mercado implicava atribuir um *valor de troca* a todos os elementos que entram no processo da produção. A possibilidade de identificar um denominador comum a esses elementos permitia visualizar a organização da produção em termos estritamente quantitativos. A terra em mãos de um senhor feudal possuía múltiplos significados e, acima de tudo, era um instrumento que o habilitava para exercer tutela sobre a população que dependia de acesso a essa terra para sobreviver. Arrendada a um empresário, simplificava-se em "elemento da produção", do qual devia ser extraído um rendimento suficiente para pagar o arrendamento e proporcionar uma margem ao arrendador. Mas a terra não produz isolada e, demais, pode ser substituída em parte por trabalho intensivo e/ou outros recursos que a ela se aplicam. Orientar-se nesse meandro de opções requer acesso à informação, contabilização de todos os recursos produtivos, inventividade. Era toda uma nova visão do processo social da produção, essencialmente racional, que ia emergindo.

Essa evolução apresenta-se com clareza ainda maior no campo das manufaturas. O mundo artesanal reproduzia-se, tradicionalmente, como um aspecto da transmissão da herança cultural. As corporações de ofício, que se haviam consolidado como um instrumento de controle social na alta Idade Média, privilegiavam uma minoria mas também asseguravam estabilidade a um importante segmento da sociedade. A expansão do trabalho manufatureiro torna-se possível quando surgem mercados *extramuros*, vale dizer, quando o produto artesanal passa a ser objeto de transações mercantis a distância. Concomitantemente, surge a dependência *vis-à-vis* dos comerciantes que asseguram acesso aos mercados e, à medida que a produção se amplia e diversifica, ao fornecimento de matérias-primas. Entre os comerciantes, que enfeixavam um crescente controle financeiro do conjunto das operações, e a massa dos trabalhadores interpunha-se a classe de mestres e companheiros, cujos privilégios estavam na dependência da preservação das formas tradicionais de organização do trabalho. A deslocação dessas estruturas intermediárias de dominação traduziu-se no controle direto da produção por agentes motivados estritamente por critérios mercantis. Já nenhum obstáculo social se antepunha ao aprofundamento da divisão do trabalho, à simplificação das tarefas, à redução do tempo que o produto permanecia em mãos de cada trabalhador, à homogeneização das tarefas que acompanharia a introdução de novos instrumentos.

Na sociedade que emergiu dessas transformações, as atividades econômicas assumiram considerável autonomia e passaram a desempenhar papel determinante em todas as dimensões da cultura. Acumular, ampliar o excedente vieram a constituir objetivos em si mesmos, considerando-se como "racional" a eliminação de todo obstáculo à eficiência produtiva. A Revolução Industrial confunde-se com a fixação definitiva dessa nova ordem social, na qual não somente a força física mas também a capacidade intelectual do homem tendem a subordinar-se crescentemente a critérios mercantis. O último quartel do século XVIII e a primeira metade do XIX podem ser vistos como uma transição entre o longo período de gestação da nova ordem social e o novo quadro em que se configura nitidamente a sociedade capitalista industrial. Nesta última, o processo de acumulação se incorpora às estruturas de produção e as relações externas se apresentam como uma linha auxiliar, que adiciona flexibilidade ao todo.

É a esse conjunto de transformações sociais — conducentes à autêntica mutação que produziu a sociedade industrial capitalista — que convém referir especificamente como revolução burguesa. O impacto de um considerável excedente adicional, que se origina nas relações externas, constitui um aspecto fundamental desse processo histórico. A captação de grande parte desse excedente pela classe mercantil e sua utilização para deslocar as estruturas de dominação social na esfera da organização da produção constituem outro aspecto de não menor significação. Produzir deixa de ser um relacionamento estável entre os componentes de um grupo social para transformar-se em uma "especulação", conforme o percebeu com clareza desde os albores do século XIX Sismonde de Sismondi. Foi a partir dessa transformação no sistema de dominação que os critérios de mercado (e a racionalidade que lhe é própria) penetraram significativamente na organização da produção. Se as transformações no sistema de dominação social assumiram a forma de um processo multissecular, a penetração dos critérios mercantis na organização da produção tenderia a acelerar-se, produzindo esse autêntico salto histórico que foi a Revolução Industrial. As técnicas produtivas, antes componentes da memória social, transformam-se em objeto de transação mercantil. A inovação nos métodos produtivos passa a ser o caminho mais curto para surpreender os concorrentes e, portanto, um instrumento de poder. O crescimento do excedente já não depende da abertura de novas linhas de comércio, podendo ser engendrado mediante simples aumentos de eficiência. A acumulação se acelera e assume o papel de elemento motor de toda a evolução social.

Com efeito: a dinâmica de uma sociedade em que as atividades produtivas são crescentemente subordinadas à lógica de um processo acumulativo constituía uma ruptura com tudo o que havia existido até então. De uma ou outra forma, todas as relações sociais tenderiam a refletir, em graus diversos, a despersonalização inerente à preeminência da acumulação. Tenderiam a ser vistas como *coisas*, como prolongação do mundo físico.

A acumulação sempre constituiu, em todas as sociedades, um dos sustentáculos do sistema de dominação social. A formidável rede de estradas que os romanos construíram, a muralha da China e as pirâmides egípcias são exemplos clássicos de ingentes esforços acumulativos visando de uma ou outra forma a consolidar estruturas de poder. O que singulariza a revolução burguesa é a utilização crescente do excedente como instrumento de controle do sistema de produção. Nos países em que ocorreu a revolução burguesa, o controle das terras e das principais instituições que constituem o Estado permaneceu em mãos das classes dominantes tradicionais, até avançado o século XIX. A ascensão da burguesia é mais um processo de geração de novas formas de poder do que a assunção de novos grupos sociais às formas tradicionais. Essas novas formas de poder fundavam-se no controle da produção, e não na propriedade da terra e/ou na tutela direta sobre a população. O desvio do excedente das obras de prestígio e do consumo conspícuo para o sistema de produção vem a ser a mola mestra do processo de reestruturação do sistema de poder. Esta a razão fundamental pela qual a idéia mesma de acumulação tendeu a confundir-se com a de desenvolvimento das forças produtivas.

Acumulação *stricto sensu* é apenas a transferência no tempo do uso final de recursos disponíveis em um momento dado. A construção de uma muralha de defesa constitui caso típico da distribuição no tempo do uso final de certos recursos. O desenvolvimento das forças produtivas implica transformação dos recursos, portanto uma reestruturação do processo produtivo e, provavelmente, daquilo que se produz. A substituição da diligência pelo trem é, evidentemente, um processo de acumulação nos meios de transporte, mas a ninguém escapa que o serviço prestado pela estrada de ferro é qualitativamente distinto, permitindo à sociedade assumir outras formas de organização e aumentar consideravelmente a demanda de transporte interurbano, o que por seu lado favorece o prosseguimento da acumulação.

Em realidade, o que chamamos de desenvolvimento das forças produtivas na sociedade industrial é um duplo processo de transformação: no nível da utilização dos recursos produtivos e no plano do comportamento dos agentes sociais. Mesmo que, do ponto de vista de um agente isolado, essas transformações assumam a forma de *economia de recursos*, globalmente elas operam no sentido de assegurar o prosseguimento da acumulação. Economizar recursos na produção de diligências não é fenômeno da mesma natureza que substituir as diligências pela estrada de ferro. Por outro lado, não seria possível produzir o material ferroviário com os mesmos instrumentos e técnicas utilizados na produção de diligências. As transformações inerentes ao processo de acumulação nas forças produtivas são, necessariamente, inovadoras. Sem economia de recursos (aumento de eficiência) e modificação nos padrões de consumo (diversificação da produção), a acumulação das forças produtivas tenderia a um ponto de saturação. Uma crescente redução das desigualdades sociais poderia transferir no tempo esse ponto, mas não evitá-lo. Existe, portanto, nas sociedades surgidas do capitalismo industrial, uma relação estrutural entre o grau de acumulação alcançado, o grau de sofisticação das técnicas produtivas e o nível de diversificação dos padrões de consumo dos indivíduos e da coletividade.

A crescente infiltração dos critérios de racionalidade instrumental nos meandros do corpo social produziria na Europa um estilo de civilização cujos traços mais salientes são: a industrialização (tecnicismo de todas as atividades produtivas), a urbanização (estruturação espacial da população para satisfazer as exigências do mercado de trabalho) e a secularização (prevalência da razão na legitimação dos sistemas de poder). O rápido processo de acumulação e o avanço tecnológico inerentes a essa civilização capacitaram alguns povos da Europa para submeter a controle a quase totalidade do planeta. A história moderna e contemporânea é em grande parte um reflexo dessa empresa de dominação planetária e do esforço inverso dos povos dominados para liberar-se. O empenho visando a estender as áreas de dominação e a resposta que o mesmo provoca — despertar das nacionalidades, movimentos sociais liberatórios — são aspectos do processo global de difusão da civilização industrial, a qual tende a tecer laços de interdependência entre todos os grupamentos humanos. Para escapar à dominação externa foi necessário antecipar-se no esforço de assimilação, ainda que parcial, das técnicas da civilização industrial. Liberar-se dessa dominação, que tenderia a assumir formas cada vez mais sutis no campo econômico, é a difícil tarefa que atualmente enfrentam os povos que se identificam como pertencendo a um Terceiro Mundo.

Nenhum tema é mais abrangente na história contemporânea do que o da difusão da civilização que surgiria na Europa do longo processo da revolução burguesa. No contexto europeu (no sentido lato, abrangente das sociedades formadas pelos europeus nos espaços vazios de clima temperado da América do Norte e da Oceania), a industrialização processou-se no quadro de um sistema de cultura que se vinha transformando, em decorrência da ascensão da classe burguesa, no sentido da secularização, da primazia dos critérios de racionalidade, do prestígio do conhecimento fundado na observação do mundo empírico. A rejeição ao dogmatismo no plano do conhecimento e ao autoritarismo no dos julgamentos de valor fez que a luta contra as formas tradicionais de organização social assumisse a imagem de *liberação do indivíduo*, que desencarnava de um estreito papel em uma estrutura social imóvel para enfrentar-se com um horizonte de opções que o induzia à iniciativa. As relações entre grupos e classes sociais de grande estabilidade, que haviam constituído a essência da vida política, serão crescentemente perturbadas pela emergência de novos grupos de menor estabilidade, constituídos de indivíduos com múltipla inserção social, portanto capazes de preservar maior autonomia de ação. Novas formas de organização social dariam maior complexidade às estruturas intermédias (compreendidas entre os grupos de parentesco e o Estado, e que Hegel chamaria de sociedade civil), criando condições para que parcelas crescentes da população sejam incorporadas à esfera da ação política. Dessa forma, a civilização industrial, que engendrou a revolução burguesa, definiu-se no plano político como um processo de *democratização*, ou seja, de crescente ligação do princípio de legitimidade à representatividade social do poder.

A difusão planetária da civilização industrial constitui processo histórico fundamentalmente distinto do que vimos de referir. Em alguns casos essa difusão resultou do comportamento reativo de povos que viam ameaçada sua soberania ou uma posição geográfica dominante. Foi este o caso da Rússia czarista no período que se seguiu à Guerra da Criméia, quando ficou patenteada a fragilidade de sua posição hegemônica na Europa Oriental. Mas é o Japão que constitui a referência exemplar, dada a considerável distância que o separava do mundo industrializado quando, na segunda metade do século XIX, colocou-se o problema de sua sobrevivência como nação soberana. Já no século XVI esse país se havia insurgido com êxito contra a penetração européia, assimilando rapidamente a técnica das armas de fogo e reduzindo ao mínimo os contatos com o exterior. No século XIX, em face da segunda grande vaga expansionista européia, o isolamento já não seria uma solução. Não se tratava agora de absorver uma técnica militar relativamente simples para um país que na época possuía uma metalurgia do ferro tão avançada quanto a européia, e sim de assimilar todo um sistema de civilização material. Essa operação foi empreendida com êxito sob a liderança de uma facção da aristocracia, que assumiu o controle do Estado e dele fez o instrumento das transformações socioeconômicas requeridas. Tratava-se, no caso, de implantar técnicas de produção — introduzindo nas estruturas sociais apenas as modificações indispensáveis — já comprovadas pela experiência de outros países e a que se podia ter acesso nos mercados internacionais ou mediante acordos bilaterais. Os sacrifícios impostos ao povo e também a uma parte das classes privilegiadas (particularmente os proprietários de terras) foi considerável. A compatibilização do novo aparelho produtivo, abruptamente enxertado, com a sociedade tradicional japonesa não terá sido um processo menos implacável, pelos sacrifícios exigidos, do que qualquer das grandes revoluções sociais do século XX. Em todo caso, o capitalismo industrial implantar-se-ia no Japão na ausência das estruturas sociais produzidas na Europa pelo prolongado processo da revolução burguesa. A empresa capitalista japonesa seria uma projeção dos grupos sociais tradicionais, excluindo a competição entre os elementos que a compõem e assumindo *vis-à-vis* destes funções protetoras que cabiam tradicionalmente às estruturas sociais fundadas no parentesco. O entrosamento financeiro entre as empresas e a simbiose dos grandes grupos com o Estado constituem clara evidência de que estamos em face de um quadro institucional fundamentalmente distinto daquele criado pela revolução burguesa, em que é nítida a demarcação entre entidades de direito público e de direito privado, configurando-se a empresa (a firma) como a projeção ampliada da pessoa do proprietário.

Outro processo eficaz de difusão (mais precisamente de aceleração da difusão) da civilização industrial brotaria da revolução bolchevista. Embora a doutrina revolucionária leninista se apresentasse como herdeira da crítica global do capitalismo surgida na Europa Ocidental — crítica de raízes utópicas objetivando a desalienação do homem em um novo estilo de civilização —, o que emergiu como experiência de "socialismo em um só país" assumiria a forma de ingente esforço de rápida difusão da civilização industrial. Sem qualquer vínculo com o pensamento de Marx e aparentemente inspirando-se na *Kriegswirtschaft*, ou seja, no sistema de controle implantado na Alemanha para enfrentar as necessidades da guerra, Lênin orientou-se, a partir de 1918, para a concepção de um sistema centralizado das decisões econômicas. Entre essas primeiras idéias e a implantação definitiva da centralização de decisões, sob a forma de um plano abrangente, decorreram dez anos. Como resultado desse processo, o Estado viria a desempenhar papel bem mais minucioso do que na experiência japonesa, pois se substituirá a uma grande parte das instituições tradicionais de controle social. Esgarçou-se o tênue tecido da sociedade civil, algumas de suas instituições (como os sindicatos) sendo absorvidas pelo Estado e outras (como as igrejas) submetidas a estrita tutela estatal. A centralização das decisões econômicas, aparentemente inspirada nos critérios de racionalidade que são a essência mesma da civilização industrial, criaria problemas de organização e coordenação cuja complexidade ia muito além do que inicialmente se imaginara. Estamos em face de uma experiência histórica de transplante da civilização industrial em ruptura com os valores e o contexto institucional que produziram essa mesma civilização. A doutrina marxista, particularmente na visão que dela teve Lênin, estatuía que o quadro institucional (a superestrutura) era um epifenômeno, ou seja, um reflexo do desenvolvimento das forças produtivas. Cabia, portanto, intensificar esse desenvolvimento, se se aspirava alcançar formas superiores de organização social. Mas como liberar-se, no "período de transição", do peso que sobre a superestrutura impunha o baixo grau de desenvolvimento das forças produtivas? Como evitar as projeções perversas no plano subjetivo do retorno ao sistema de estímulos próprio da economia de mercado? Mais ainda: como tornar efetivos esses estímulos sem ao mesmo tempo criar as condições que levam à visão individualista das relações sociais? A tarefa que se atribuíram os primeiros bolchevistas tinha, portanto, algo de paradoxal: instituir voluntariamente uma superestrutura inspirada em valores que correspondiam a um mundo de abundância, portanto "desalienado", e atribuir-lhe a função de administrar a penúria e dela extrair os meios para acelerar o desenvolvimento das forças produtivas. Na prática, o paradoxo levou à prevalência dos meios sobre os fins. O projeto de desenvolvimento das forças produtivas tendeu a condicionar o processo social, assumindo papel similar ao da acumulação na lógica do capitalismo.

Se as duas vias de acesso à civilização industrial que vimos de referir resultaram da tomada de consciência do atraso na acumulação e da ameaça de dominação externa, a terceira pode ser considerada como um subproduto dessa dominação. Originando-se no quadro da divisão internacional do trabalho implantada a partir da Europa, ela é inicialmente indireta e, ao contrário das duas anteriores, conduz a uma situação de dependência estrutural. Os mercados em expansão dos países europeus que se industrializavam operaram como uma poderosa válvula de sucção, dando origem a um fluxo crescente de intercâmbio com o exterior.

Ora, o acesso aos mercados em expansão da Europa teve como contrapartida a penetração dos valores materiais da civilização industrial. Os produtos exportados pelos países industrializados da Europa refletiam um grau de acumulação relativamente avançado, e os que eles importavam, o baixo grau de acumulação e/ou a maior abundância de recursos naturais das demais regiões do mundo. O comércio exterior fomentava a especialização e aprofundava a divisão do trabalho, portanto ampliava o fosso entre os níveis de acumulação. Explica-se, assim, que a formidável expansão do comércio internacional, ocorrida a partir dos anos 40 do século XIX, haja assumido a forma de um intercâmbio entre produtos manufaturados e matérias-primas. A infra-estrutura desse sistema, constituída pelas linhas de navegação de longo curso, grandes canais como o de Suez e o do Panamá e as redes de estradas de ferro estendidas por todos os continentes, foi financiada pelas economias industrializadas e concebida em função de seus interesses.

Dessa forma, a integração nos mercados internacionais, mediante a utilização de recursos antes dedicados a atividades de baixo grau de especialização ou simplesmente ainda não incorporados aos sistemas de produção, constituía uma via de acesso, embora indireta, à civilização industrial. A transferência de mão-de-obra de atividades de auto-subsistência para plantações de café, de cacau, de borracha e outras dava origem a um poder de compra nos mercados internacionais, mediante o qual certas populações passavam a ter acesso aos frutos do progresso técnico. Transplantavam-se, assim, os padrões de comportamento surgidos da civilização industrial para sociedades em que não haviam penetrado as técnicas produtivas em que assenta essa civilização. Esse acesso indireto conduziu a resultados diametralmente opostos aos produzidos pelas duas vias anteriormente referidas: nestas acelerava-se o desenvolvimento das forças produtivas ao mesmo tempo que se coarctavam as transformações dos padrões de consumo; na via indireta diversificavam-se os padrões de consumo na ausência quase total de evolução das técnicas produtivas. Nos dois primeiros casos, acelerava-se a acumulação com vistas a assimilar as técnicas produtivas mais sofisticadas; no terceiro caso, *modernizavam-se* certos padrões de consumo e acumulava-se de preferência fora do sistema produtivo: na infra-estrutura urbana e em bens de consumo duráveis importados. À via de acesso indireta à civilização industrial deve-se a ruptura estrutural "centro-periferia" que marcaria definitivamente a evolução do capitalismo.

Os limites do "acesso indireto" não tardaram a manifestar-se, como também se manifestaram os obstáculos interpostos a toda tentativa para romper os vínculos de dependência. Os valores ideológicos surgidos com a revolução burguesa — liberalismo, individualismo, racionalismo —, que haviam operado como alavancas para deslocar as velhas estruturas de dominação e promover a ascensão dos agentes sociais comprometidos com a acumulação das forças produtivas, ao serem transpostos para a situação de dependência transformaram-se em instrumento de reforço desta. Toda iniciativa visando a modificar o quadro estrutural era denunciada em nome da "boa doutrina" como irracionalidade política. A expansão da produção primário-exportadora não requeria transformações de monta nos métodos de produção, o que conduzia ao imobilismo das estruturas sociais. Na verdade, o considerável aumento do excedente reforçava, no mais das vezes, o sistema de dominação social, além de proporcionar-lhe alianças externas. Esse quadro entrou em crise não tanto pela ação de fatores endógenos das economias dependentes, mas em razão de disfunções no conjunto do sistema sob a forma de rivalidades entre Estados com projetos imperialistas, que levariam a duas grandes guerras e, entre estas, ao quase colapso do sistema de divisão internacional do trabalho. Contudo, a industrialização subseqüente das economias dependentes significou menos um abandono da "via indireta" do que uma evolução no quadro dessa forma particular de acesso à civilização industrial.

No processo histórico que conduziu à civilização industrial podemos identificar duas mutações estruturais que por sua complexidade resistem a qualquer abordagem analítica. A primeira é essa canalização do processo acumulativo para o sistema de produção, a que fizemos repetidas referências a propósito da ascensão na estrutura de poder da classe mercantil. A segunda é o aprofundamento do processo acumulativo, levando a uma maior complexidade da divisão do trabalho, particularmente em sua dimensão diacrônica. O conceito impreciso de Revolução Industrial refere-se a esta segunda mutação, cuja compreensão é fundamental para captar o que é específico na terceira via de acesso.

À diferença do que ocorre na acumulação tradicional (em muralhas de defesa, em templos, em palácios...), aquela que se realiza nas forças produtivas visa à captação de um excedente. Este pode decorrer da abertura de novas linhas de comércio, da descoberta de novos recursos naturais ou do aumento da produtividade física do trabalho. Este último caso reflete a introdução de métodos mais eficazes, que por seu lado estão ligados a uma melhor divisão do trabalho ou ao uso de melhores instrumentos. Trata-se, em realidade, de duas formas de divisão do trabalho — uma sincrônica e outra diacrônica —, via de regra intimamente ligadas, se bem que foram as excelentes possibilidades da segunda forma que conduziram à civilização industrial. O homem que produz um instrumento de trabalho para si mesmo, tal o pescador que tece uma rede, divide o seu próprio trabalho no tempo. Aquele que utiliza instrumentos fabricados por outros homens integra com estes uma equipe de trabalho que ganha espessura no tempo e no espaço. A essa complexidade da estrutura econômica com base no uso crescente de instrumentos é que chamamos de industrialização.

A acumulação é apenas o vetor que permite, mediante a inovação, introduzir as modificações no sistema de produção e nas estruturas sociais que chamamos de desenvolvimento. Certo: existe uma interdependência entre essas modificações e o processo de acumulação; se uma parte crescente da força de trabalho se dedica à produção de equipamentos em geral — ou seja, se a divisão diacrônica do trabalho ganha em profundidade —, é porque esses equipamentos permitem aumentar a produtividade física dos trabalhadores que os vão utilizar. Por outro lado, se a produção por trabalhador está aumentando, é porque a sociedade está se transformando para absorver um fluxo crescente de produtos finais. Desenvolvimento é, portanto, um processo de recriação das relações sociais que se apóia na acumulação. A partir deste ponto de observação não é difícil compreender que, se a acumulação se transforma em um fim em si mesma (quando passa a constituir a base do sistema de dominação social), o processo de criação de novas relações sociais transforma-se em simples meio para alcançá-la. A inexorabilidade do *progresso* levando à desumanização do indivíduo na civilização industrial é um desdobramento desse processo histórico.

A industrialização das economias que tiveram acesso à civilização industrial pela via indireta apresenta-se como uma evolução de suas relações internacionais, evolução essa que reflete a ação de fatores tanto externos como internos. O esforço de industrialização surge como uma resposta a tensões nas relações internacionais, mais concretamente a problemas de balança de pagamentos. As firmas importadoras, ao se defrontarem com uma contração conjuntural da capacidade para importar — ou com o colapso de uma linha de exportações decorrente do surgimento de um concorrente ou de uma inovação técnica —, são levadas a "economizar divisas", o que em muitos casos se traduz em instalação de atividades industriais complementares das importações. Assim, passa-se da importação do tecido à do fio, da do automóvel armado à do desarmado, à "nacionalização" da produção deste. Esse processo se desdobra em dois planos: o da criação de atividades industriais locais e o da modificação da composição das importações, as quais tendem a ser de substituição cada vez mais difícil (em razão das limitações impostas pela base de recursos naturais) e/ou mais "nobres", no sentido de corresponder a um grau mais avançado no processo global de industrialização. As novas importações (de bens, serviços técnicos e serviços financeiros) tendem a ser, em proporção crescente, operações internas das empresas transnacionais. Assim, os dois planos referidos são interdependentes: a rigidez da capacidade de pagamentos no exterior engendra a industrialização e ao mesmo tempo impõe-lhe limites. Quando, numa fase mais avançada, a indústria local surgida no quadro da dependência é chamada a gerar parte da capacidade de pagamentos no exterior (sem o que seu crescimento dificilmente poderia prosseguir), o acesso aos mercados externos passa a definir os limites da industrialização interna. Também este processo conduz a um fortalecimento da posição das firmas transnacionais.

Mas é na evolução das estruturas sociais internas que se vê com clareza a especificidade da industrialização dependente. Sua estreita vinculação com o comércio exterior somente pode ser percebida em toda a sua complexidade se se tem em conta que a ela corresponde um importante papel na reprodução dos setores sociais que tiveram acesso, ainda que por via indireta, aos valores materiais da civilização industrial. Esta a razão pela qual essa industrialização tem como eixo o fluxo de importações, sendo de menor relevância as suas vinculações com o sistema preexistente de forças produtivas. A rigor, ela representa um posto avançado ou uma prolongação dos sistemas de forças produtivas localizados no exterior, nos quais se origina o fluxo de importações. Essa vinculação estrutural com o exterior apresenta-se com toda a transparência no caso das indústrias de empacotamento de produtos farmacêuticos, de montagem de aparelhos e outras nas quais os agentes locais têm apenas uma vaga idéia do que estão produzindo. Mas, mesmo nos casos em que se imagina que a indústria foi totalmente "nacionalizada", os agentes locais integram-se numa equipe estruturada no tempo e no espaço, cabendo as tarefas mais "nobres" de fabricação dos equipamentos e de concepção destes e dos produtos finais a outros agentes localizados no exterior.

No quadro da industrialização dependente, o fator determinante da tecnologia utilizada é o grau de diversificação da demanda (a natureza dos produtos finais) gerada pelos grupos sociais que tiveram acesso indireto à civilização industrial. As implicações deste fato são consideráveis, pois o que chamamos tecnologia não é outra coisa senão o conjunto de transformações no sistema produtivo e nas relações sociais que têm na acumulação o seu vetor. Como o acesso indireto à civilização industrial significou a introdução dessas transformações no nível da demanda final (sob a forma de modernização), o processo de industrialização assumirá a forma de um esforço de adaptação do aparelho produtivo a essa demanda sofisticada, o que o desvincula do sistema de forças produtivas preexistente. Surge assim um subsistema produtivo de alta densidade de capital, que não corresponde ao nível de acumulação alcançado no conjunto da sociedade, com fraca capacidade de geração direta de emprego. Como o referido subsistema permanece estruturalmente ligado a economias não somente mais avançadas na acumulação mas também em permanente expansão, os vínculos de dependência tendem a reproduzir-se.

3. Emergência e difusão da civilização industrial II

Em páginas anteriores demos ênfase ao fato de que, se a emergência da civilização industrial somente pode ser compreendida no quadro da história social européia, a difusão planetária de seus valores — inclusive os ideais de *modernidade*, que conduzem a um horizonte em expansão de "necessidades" materiais — assumiu formas várias e conduziu a estruturações sociais amplamente diversas. No gênero civilização industrial o que é comum a todas as espécies é a canalização do processo acumulativo para o sistema de produção e a difusão dos critérios de racionalidade instrumental, que conduzem à preeminência da idéia de produtividade, à primazia do sistema de incitações materiais, à busca exacerbada da diversificação da produção. O sistema de incitações, inerente ao gênero, é inseparável de formas de comportamento que tendem a acentuar as desigualdades de níveis de patrimônio e de renda, com reflexos na estrutura de dominação social. Independentemente do contexto cultural, por toda parte as estruturas de poder tenderam a apoiar-se no processo de acumulação, para reproduzir-se e para legitimar-se. O aprofundamento da divisão social do trabalho — sincrônica e diacrônica — produz um tecido de relações econômicas cada vez mais compacto, conduzindo à centralização de decisões e levando ao gigantismo das empresas e do Estado.

Mas não devemos perder de vista as dessemelhanças das sociedades surgidas da difusão da civilização industrial. Qualquer tipologia, neste caso, tende a ser drasticamente simplificadora. A primeira via de acesso, a que fizemos referência no capítulo precedente, caracteriza-se pelo papel central que nela desempenha o Estado. Ora, esse Estado pode estar sob o controle de um segmento "modernizante" das estruturas tradicionais de dominação social ou sob a influência de grupos empenhados em reconstruir em sua totalidade essas estruturas. Fatores históricos, responsáveis pela modelagem das instituições preexistentes, foram muitas vezes decisivos. Assim, a rápida penetração da civilização industrial na Rússia, nos três decênios que precederam à Primeira Guerra Mundial, esteve intimamente ligada a iniciativas do Estado, que via sua posição imperial ameaçada por uma Alemanha cuja industrialização deslocava o equilíbrio de forças na Europa. A penetração do capitalismo em certas áreas ocidentais que haviam preservado sua identidade cultural criava forças centrífugas ameaçadoras da unidade do império czarista. Fatores políticos — inclusive a possibilidade de obtenção de importantes recursos financeiros em países da Europa Ocidental, que igualmente se sentiam ameaçados pela expansão industrial alemã — estão no centro do ingente esforço de industrialização realizado no referido período. Na era soviética esse processo foi retomado e acelerado, assumindo o Estado responsabilidades ainda mais amplas e profundas. Nos dois casos, a implantação da civilização industrial, longe de refletir uma prévia evolução das forças produtivas, decorria da tomada de consciência do "atraso" em que se encontravam essas forças. A expansão territorial russa, ocorrida um século depois da espanhola, tivera com esta muitos pontos em comum: o excedente extraído das regiões dominadas serviu para reforçar o Estado e financiar guerras que pesavam sobre o conjunto da coletividade. O considerável crescimento do estamento burocrático desviou a acumulação para setores não produtivos e freou a ascensão da burguesia nas estruturas de poder. A injeção de excedente adicional não seria suficiente para acelerar o desenvolvimento das forças produtivas, na ausência de uma evolução significativa nas estruturas de dominação social.

No caso do acesso indireto à civilização industrial, a natureza da inserção no sistema de divisão internacional do trabalho passa a ser o fator determinante da estruturação social. É possível que essa inserção haja assumido a forma de implantação de "enclaves" agrícolas ou mineiros, controlados do exterior: as transformações sociais são mínimas, e o processo de *modernização* faz-se sob o controle estrito das estruturas de dominação tradicionais. Mas também é possível que, em razão da prevalência do regime familial na exploração agrícola, a passagem da agricultura de subsistência para a comercial afete a massa da população rural, tanto em seus hábitos de consumo como em suas técnicas de produção. A integração da população nos circuitos comerciais também leva a resultados diversos, conforme sejam mais ou menos raros os recursos de terra a que tem acesso essa população. Em síntese: fatores institucionais — controle do acesso à terra por uma minoria, ou prevalência da organização familial — ou de ordem ecológica — maior ou menor pressão sobre os recursos naturais face à técnica prevalente — contribuirão decisivamente para moldar o perfil social através da inserção no sistema de divisão internacional do trabalho. Esse perfil social projetar-se-á nas estruturas de dominação e no processo subseqüente de interação no quadro da dependência. As estruturas sociais que se definem nessa fase de acesso indireto à civilização industrial tendem a reproduzir-se no período ulterior de industrialização, independentemente do papel que desempenhe o Estado na promoção desta. À diferença do primeiro caso, em que os fatores políticos preponderam, neste segundo cabe a fatores socioeconômicos o peso decisivo. Muitos observadores pretenderam identificar nessas transformações sociais a "revolução burguesa" da periferia. Mas se as observamos de ângulo mais geral não podemos deixar de reconhecer que o espaço em que elas ocorrem está rigidamente delimitado pela dependência externa.

Não obstante a grande disparidade nos níveis de acumulação e no grau de homogeneização interna dos padrões de consumo, dificilmente se poderia negar a existência de traços comuns a todas as sociedades em que se implantou a civilização industrial. Em toda parte ocorre o mesmo processo de transformação do conjunto da população em *força de trabalho* e a imposição de padrões de estrita disciplina social orientada para a eficiência no trabalho. A urbanização moderna é mais um enquadramento espacial da população, para assegurar a regularidade no trabalho, do que a expressão de uma nova forma de convivência social. À medida que as normas de trabalho são controladas por meios mecânicos, aumenta a tensão a que é submetido o trabalhador. Em conseqüência, tarefas aparentemente simples, como as do trabalho em cadeia, são de elevado custo em termos de energia nervosa. A redução da jornada de trabalho reflete o reconhecimento dessa sobrecarga nervosa imposta à massa da população trabalhadora e do crescente tempo gasto diariamente em transporte urbano para alcançar o local de trabalho.

O aumento da produtividade, que acompanha a acumulação, longe de liberar tempo aos membros da sociedade para outras formas de atividade, traduz-se em ampliação de potencial de *força de trabalho*. Assim, a incorporação das mulheres ao mercado de trabalho repercute na organização da família, cujas outras funções são drasticamente simplificadas. Como o processo de reprodução da população continua a realizar-se essencialmente no âmbito dessa família, no novo sistema de divisão social do trabalho o peso que recai sobre as mulheres tende a ser considerável, o que lhes cerceia o avanço profissional e lhes circunscreve o campo de atuação social. A igualdade de oportunidades, outorgada formalmente às mulheres em estruturas sociais que impedem a consecução desse objetivo, engendra formas de tensão social comuns a todas as sociedades em que se implantou a civilização industrial. O exíguo espaço da família reduzida, no qual se manifestam os efeitos de muitas dessas tensões, degrada-se como instrumento de transmissão da herança cultural e de relacionamento entre gerações. As divergências de visão do mundo entre sexos e entre gerações tendem, em conseqüência, a assumir importância crescente nessas sociedades.

O processo de acumulação é o eixo em torno do qual evolui não somente a economia capitalista, mas o conjunto das relações sociais em todas as sociedades em que se implantou a civilização industrial. A continuidade desse processo requer permanente transformação dos estilos de vida, no sentido da diversificação e sofisticação. Daí que haja surgido toda uma panóplia de técnicas sociais visando a condicionar a "massa de consumidores", cujas "necessidades" são programadas em função dos respectivos níveis de renda, idades, disponibilidades de tempo "ocioso" etc. A discriminação de preços, que permite compartimentar o mercado em função da renda dos consumidores, corresponde de alguma forma a níveis diversos de custos reais, seja causados pelos maiores gastos de propaganda, de apresentação, de atendimento subseqüente, seja também pelos maiores gastos em "pesquisa e desenvolvimento" e pela produção em escala reduzida dos artigos de "prestígio". O produto vendido na rua do Faubourg-St.-Honoré ou na Quinta Avenida tem um custo social maior do que outro que satisfaz a mesma necessidade mas é apresentado num mercado de subúrbio. Por trás desse maior custo social existe um mais alto nível de acumulação. É perfeitamente claro que quando um produto "sofisticado" se difunde já não será produzido em escala subótima, já não requererá tanta acumulação: terá sofrido uma mudança substantiva. Portanto, o processo de acumulação tem na discriminação entre consumidores uma de suas alavancas mestras. Difundir padrões de consumo, antes reservados a uma minoria, também abre a porta a possibilidades de acumulação. Mas é a discriminação entre consumidores que permite ao sistema de incentivos alcançar sua máxima eficácia.

Posto que o acesso aos produtos mais "sofisticados" está restrito à minoria de alta renda, o processo de ascensão social tende a confundir-se com a subida na escala de diversificação do consumo. Mas, se a lógica da acumulação leva a deslocar toda a escala para cima, a passagem ao degrau superior tende a ser aparente. A reprodução das desigualdades é, portanto, a contraface da eficiência do sistema de estímulos. O fluxo de inovações na esfera do consumo torna fictícia a ascensão social, mas a difusão de certas inovações permite que se diversifiquem os padrões de consumo da grande maioria da população. A interdependência entre o sistema de estímulos, que opera no nível dos indivíduos, e o fluxo de inovações, que estimula a acumulação, faz que a civilização industrial tenda implacavelmente a manter a sociedade estratificada em função de padrões de consumo.

A evidência histórica deixa pouca dúvida sobre o fato de que um processo de acumulação intenso somente é alcançado mediante estrita disciplina social. O caminho de acesso a esta passa pela coação, pelo uso de estímulos criados pelo próprio sistema econômico, ou pela existência de motivações morais geradas por uma situação histórica particular. Na expansão marítima portuguesa — exemplo clássico de acumulação — as motivações morais desempenharam papel decisivo: uma pequena nação procurava sobreviver em face de poderoso vizinho que completava a reconquista do próprio território. Mas a exploração subseqüente das novas rotas marítimas baseou-se estritamente em incentivos criados pelo próprio sistema econômico. A acumulação fora do sistema econômico — construção de pirâmides, de catedrais, pesquisa científica pura — pode apoiar-se em uma disciplina social obtida por diversos meios: trabalho forçado, zelo religioso, prestígio social. Mas na atividade de natureza propriamente econômica a simples coação é de escassa valia, e via de regra os objetivos finais são perdidos de vista pela maioria daqueles que dela participam. Mais indiretos esses objetivos, mais difícil se torna obter a disciplina social sem criar outro conjunto de *objetivos*, diretamente ligados aos interesses pessoais dos que trabalham. Ora, esses incentivos amarrados aos interesses individuais encontram uma fórmula eficaz no sistema de ascensão social fictícia: no horizonte de "necessidades" a satisfazer que se distancia sempre. Compreende-se, portanto, que as experiências históricas de aceleração voluntarista da acumulação hajam tendido a utilizar os caminhos já abertos pelas economias capitalistas industrializadas, e que a civilização industrial haja permanecido em essência uma só.

As tentativas de ruptura dessa cadeia causal têm desembocado no enfraquecimento do processo acumulativo. Ora, uma civilização fundada em um desenvolvimento das forças produtivas menor do que o já alcançado pelo mundo capitalista dificilmente teria acesso à tecnologia militar de que este dispõe, sendo portanto escassas suas possibilidades de sobrevivência na fase atual de expansão da civilização industrial. A história chinesa do decênio da Revolução Cultural trouxe novas águas para o moinho dessa temática. Aparentemente foi adotada na China, nesse período crucial da história moderna, uma política de redução do ritmo da acumulação, ao mesmo tempo que se fazia intenso apelo a incentivos morais em setores em que uma rápida acumulação era julgada imprescindível, como o do petróleo e o da energia nuclear. Também se fez considerável esforço para enquadrar a população num sistema de defesa que requeria um nível modesto de acumulação. Tudo leva a crer, entretanto, que o atraso técnico que se ia acumulando em decorrência dessa política despertou crescentes preocupações, particularmente nos círculos responsáveis pela segurança externa. A mudança de orientação, primeiro no plano internacional e posteriormente no plano interno, não terá sido estranha a essas preocupações.

A idéia de *desenvolvimento*, referindo-se a uma sociedade, comporta, sabidamente, toda uma gama de ambigüidades. De um ponto de vista descritivo, ela se refere ao conjunto de transformações nas estruturas sociais e nas formas de comportamento que acompanham a acumulação no sistema de produção. Descreve-se, assim, o processo cultural e histórico cuja dinâmica se apóia na inovação técnica (fundada na experiência empírica ou em conhecimentos científicos), posta a serviço de um sistema de dominação social. A primitiva ideologia liberal formou o seu discurso com elementos da filosofia naturalística que se impôs de forma avassaladora no século subseqüente à publicação dos *Principia* de Newton. Os indivíduos, orientados pela lei do menor esforço (expressão da razão inerente à natureza humana) e impulsionados pelo desejo de melhorar o próprio bem-estar, produziriam coletivamente um sistema de forças sociais cuja adequada canalização institucional assegurava o *progresso*. Essa ideologia, ao pretender que os processos sociais são essencialmente racionais — admite-se que os homens são dotados de *sentido comum* e calculam as vantagens e desvantagens de cada decisão que tomam —, abriu a porta a uma vaga de utopismo sem par na história. Se o homem pauta o seu comportamento por critérios racionais, o problema está em criar um quadro institucional que compatibilize o interesse coletivo com o senso comum dos indivíduos. Gracchus Babeuf, por exemplo, em plena Revolução Francesa, concebeu um sistema de organização social totalmente racional: nele tudo estava previsto e controlado, sendo o homem *necessariamente* feliz. Felicidade maravilhosa, dizia ele, antes de ser guilhotinado, pelo fato de ser invariável. Esta seria a forma de assegurar a liberdade do homem: levar à plenitude o desenvolvimento de suas faculdades racionais.

Mas se os utopistas estavam empenhados em explorar o campo do imaginável em matéria de organização social, os autênticos ideólogos liberais tinham as suas vistas voltadas para o desmantelamento das estruturas de poder que freavam a ação da classe mercantil e limitavam as possibilidades de acumulação. O objetivo central era criar o espaço necessário à livre ação da classe que fundava na acumulação seu prestígio e poder. Destarte, a reorientação e a intensificação da acumulação não eram simples resultantes da ação de forças sociais guiadas pelo senso comum: estavam condicionadas pela lógica implícita no projeto de dominação social da classe mercantil. Essa lógica conduziu inicialmente à deslocação das estruturas tradicionais de poder e ulteriormente à tutela das forças sociais geradas pelas novas formas de acumulação.

Em face do horizonte de opções que a acumulação engendra, os grupos dirigentes procuram os caminhos que conduzem à reprodução do sistema de dominação social. Na fase da revolução burguesa, tratou-se, mais que de reprodução, de desmantelar o quadro institucional preexistente. No período subseqüente, a principal preocupação giraria em torno da institucionalização dos conflitos sociais resultantes do rápido desenvolvimento das forças produtivas. Negatividade dialética do projeto de transformação social, as forças responsáveis por esses conflitos pressionariam no sentido de reduzir as desigualdades sociais, cabendo-lhes papel fundamental na configuração da sociedade que emergiria com a civilização industrial. Com efeito: é da atuação dessas forças que resulta a deslocação para cima de toda a escala de posições sociais a que antes nos referimos. Mas a luta pela redução das desigualdades sociais, que inflamaria a imaginação dos grandes utopistas, conduziria apenas a formas mais diversificadas de consumo: ampliam-se os mercados, sem que as estruturas sociais em que se funda o sistema de poder sejam afetadas.

Se se traduz aumento nos gastos de consumo e diversificação deste por *elevação do nível de vida*, reintroduz-se na idéia de desenvolvimento o critério valorativo de progresso no bem-estar social. Mas não se deve perder de vista que essa evolução do consumo é um subproduto do processo de reprodução das desigualdades sociais e exclui outras formas de elevação do nível de vida, concebíveis em função de outros projetos de transformação social. A percepção dessa problemática, a partir de uma consciência crítica fundada na prática do *desenvolvimento*, está por trás de grande parte dos movimentos políticos contemporâneos nos países em que mais avançou o processo de acumulação: as lutas contra a poluição, contra o desperdício de recursos não renováveis, a defesa do patrimônio cultural, a rejeição do consumismo. Esses movimentos têm em comum o fato de que pretendem explicitar um conjunto de *fins*, a partir de uma visão global da sociedade. Dessa forma identificam-se novos planos de convergência de interesses de grupos que a estratificação social tende a isolar ou mesmo colocar em posições antagônicas. Menos do que uma "colaboração de classes" (estas mantêm sua identidade e dinâmica próprias como grupos em luta), trata-se da descoberta de novas áreas de ação política em que o traço comum é o antagonismo à preeminência da lógica dos meios. A essa elevação da consciência crítica, com respeito ao projeto social implícito na acumulação, deve-se a primeira contestação substantiva da civilização industrial surgida nos países que a engendraram e lideram.

A idéia de desenvolvimento comporta ambigüidades ainda maiores quando a consideramos no quadro da difusão da civilização industrial. Em muitas regiões a *modernização* também significou *ocidentalização*, ou seja, o deperecimento de sistemas de cultura cujos valores nem sempre encontravam adequados substitutivos. Mesmo quando a transplantação resultou de um projeto executado sob a égide do Estado, como no caso do Japão da Restauração Meiji, o resultado final afastou-se suficientemente do modelo original para invalidar toda tentativa de apreciação com base nos conceitos derivados da história européia. O grupo aristocrático que assumiu o controle do Estado japonês pela metade do século XIX teve em vista objetivos essencialmente políticos: criar as bases de um poder nacional capaz de preservar a independência do país face à ofensiva imperialista da era vitoriana. Esse projeto logo se desdobrou noutro visando a criar uma "esfera de influência", o que levou à guerra com a China no último decênio do século XIX e com a Rússia no primeiro decênio do século XX. Assim, desde seus começos a industrialização foi posta a serviço da criação de um poder militar moderno, mantendo-se os níveis de consumo sob estrito controle. Mais precisamente: parte considerável do excedente, que antes era absorvido pelo consumo suntuário de uma classe privilegiada, foi canalizada para a transformação e expansão do sistema de produção via inserção no comércio internacional. A consciência da ameaça externa, que se espelhava nas relações dos países ocidentais com o Sudeste Asiático e a China, apontando para a destruição de uma tradição cultural em que se fundava a identidade japonesa, contribuiu para unir a população e fazê-la aceitar prolongados sacrifícios. A exploração ideológica das vitórias militares levaria ao paroxismo o sentimento de dependência dos indivíduos com respeito às instituições de tutela social, produzindo-se um quadro de disciplina social em profundo contraste com as sociedades que emergiram da revolução burguesa.

O excepcionalmente rápido processo de acumulação que ocorreu no Japão está marcado por essas peculiaridades do quadro histórico nacional. O dinamismo do sistema econômico reflete em primeiro lugar a performance das empresas no exterior. Por muito tempo, do exterior veio o essencial da tecnologia, e do exterior continua a vir o principal das matérias-primas, das fontes de energia, dos alimentos de que vive a população. Carecendo dos meios de ação, que outras nações industrializadas derivam da influência política e cultural, para controlar fontes alienígenas de matérias-primas, por muito tempo o Japão teve que limitar-se ao uso de instrumentos puramente comerciais para atuar internacionalmente. A capacidade competitiva externa, contrapartida da disciplina social interna, é o elemento dinamizador do sistema econômico e também a garantia de reprodução do sistema de dominação social. As relações externas assumiram a forma de luta implacável contra adversários que dispõem de panóplia mais rica, e exigem grande esforço na frente tecnológica, o qual tende a beneficiar direta ou indiretamente o conjunto das atividades produtivas. O crescimento do mercado interno é muito mais uma conseqüência desse dinamismo tecnológico do que fruto dos antagonismos sociais próprios da sociedade capitalista. Desta perspectiva vê-se com clareza que, no Japão, *desenvolvimento* significou a assimilação dos valores materiais da civilização industrial em função de um projeto de afirmação nacional. As estruturas sociais evoluíram sem ruptura do quadro tradicional de dominação, o que explica como a empresa típica japonesa é fundamentalmente distinta da empresa capitalista ocidental. O sistema de incentivos dirige-se mais à equipe do que ao indivíduo, o que permite à empresa assegurar parte das funções de integração social que vão perdendo outras instituições, como a família. Posto que a função motora na economia japonesa é exercida pelas relações externas, é natural que o desenvolvimento da técnica aí esteja a serviço da competição internacional. O mercado interno ocupa uma posição ancilar: consome-se hoje o que se exportou ontem ou anteontem. É esta a trilha que dá acesso a uma posição de vanguarda na civilização industrial sem pôr em risco a estrutura de dominação social.

A responsabilidade do Estado no processo de acumulação ainda foi mais ampla e profunda na experiência soviética. Neste caso o projeto dos grupos dirigentes assumiu progressivamente a forma de mudança voluntarista da estrutura do sistema produtivo existente, de forma a tornar viável uma acumulação mais rápida. Se se amplia em termos relativos a capacidade do setor que produz diretamente para a acumulação, o ritmo desta poderá evidentemente ser intensificado. No Japão a acumulação foi intensificada, na fase inicial, pela transformação de parte dos bens de consumo em bens de capital mediante o comércio internacional. Na União Soviética marchou-se diretamente para uma mudança na estrutura do sistema produtivo, inscrevendo-se nesta um elevado ritmo de acumulação. Como o setor produtor de bens de capital estava totalmente concebido em função do mercado interno, a manutenção de um elevado ritmo de acumulação passou a ser a lei reguladora do funcionamento da economia soviética. Ora, quanto maior for o esforço de acumulação nas forças produtivas — relativamente à disponibilidade de bens e em termos de persistência no tempo —, maiores serão as dificuldades para operar o conjunto da economia, pois o sistema de incentivos alimenta-se da oferta de bens de consumo. Explica-se, assim, o apelo à disciplina compulsória, particularmente no setor agrícola, onde se concentravam três quartas partes da força de trabalho.

À semelhança do caso japonês, o Estado soviético confrontou-se desde o início com a necessidade de dotar-se de um moderno escudo militar. Demais, a panóplia militar teve de ser produzida internamente em sua quase integralidade, em razão do desafio que a experiência social soviética representava para o mundo capitalista. Disso resultou não somente a esterilização de parcela importante do excedente, mas também uma certa orientação à absorção do progresso tecnológico.

O duplo processo de transformação da estrutura do sistema de produção e de criação de um moderno sistema de defesa convergiram em seus efeitos para reduzir a disponibilidade de bens de consumo, restringindo assim o escopo do sistema de incentivos. Demais, inexistia a luta sem quartel no front das exportações, em que se empenhavam as empresas japonesas, bem como o acicate dos conflitos sociais e da concorrência entre empresas que são a lei do capitalismo. Os dirigentes soviéticos pretenderam fazer face à penúria do sistema de incentivos e à ausência de outros fatores de dinamização da economia com a planificação centralizada, que viria a se constituir numa das técnicas sociais mais ambiciosas e controvertidas que a seu serviço tem a civilização industrial.

Com a planificação centralizada aplicam-se ao conjunto de uma economia nacional muitos dos critérios de racionalidade que utilizam internamente as grandes empresas. Por esse meio torna-se possível eliminar grande parte das redundâncias de capacidade produtiva que existem naturalmente em um sistema descentralizado: os planos de produção das empresas são compatibilizados *ex-ante* no órgão central de decisões. As imobilizações de estoques podem ser consideravelmente reduzidas, bem como as incertezas que na economia de mercado resultam do controle da informação pelas empresas como instrumento de poder. O órgão planificador central deveria funcionar como uma inteligência artificial capacitada para prever as conseqüências, em todos os estágios do processo produtivo, de qualquer decisão relacionada com a destinação final do produto em determinado período de tempo. Ter-se-ia assim alcançado o objetivo de uma sociedade perfeitamente racional no que respeita à utilização dos meios de produção. Não é sem razão que os soviéticos viram sempre em Babeuf um dos grandes antecipadores da obra que realizaram. Ocorre, entretanto, que os critérios de racionalidade, que estão na base da planificação centralizada, aplicam-se tão-somente a certos aspectos da vida social: introduzem uma disciplina na atividade setorial e permitem compatibilizar o comportamento de grandes agregados sociais. Mas não seria possível estendê-los ao comportamento individual, a menos que se parta da hipótese babeufiana de que o homem se adaptaria — e seria feliz — numa sociedade invariável. Fora dessa hipótese, faz-se necessário abrir um horizonte de opções ao indivíduo, e já não será possível definir um conjunto de objetivos, a serem alcançados pelo sistema econômico, que tornem compatíveis os comportamentos *possíveis* de todos os membros da coletividade. Uma das funções do sistema de incentivos é exatamente reduzir a imprevisibilidade do comportamento individual: reintroduz-se assim o problema da antinomia entre intensificar a acumulação e obter dos indivíduos a disciplina social necessária à eficácia operativa.

Na medida em que as referidas antinomias dão origem a antagonismos sociais, os critérios de autoridade tendem a prevalecer, assumindo o estamento burocrático o papel de mentor do projeto político ordenador das transformações sociais permitidas pela acumulação. Corre-se, assim, o risco de subordinar um conjunto crescente de atividades sociais à lógica do aparelho planificador, passando os meios a comandar os fins. A área da vida social que não está *programada* tende a ser considerada como residual, devendo de alguma forma ser penalizada, progressivamente restringida. Os critérios estritamente quantitativos tendem portanto a impor-se, o que não deixará de ter efeitos negativos no sistema de incentivos.

Certo, a planificação centralizada demonstraria ser de extraordinária eficácia quando se tratava de modificar a estrutura do aparelho produtivo, de corrigir insuficiências setoriais ou desequilíbrios gerados pela forma de inserção no sistema de divisão internacional do trabalho. Demais, ela permitiu explicitar um conjunto de objetivos em torno de cuja consecução a coletividade seria mobilizada. Contudo, esses mesmos êxitos alcançados no nível da reconstrução estrutural contribuiriam para embaçar ou minimizar os problemas de fundo, engendrados pelo imobilismo social que ia medrando à sombra do alastramento do autoritarismo. A reação contra esse imobilismo, tardia e relutante, levaria a um uso discriminativo dos incentivos materiais, privilegiando setores considerados "estratégicos", o que teria como contrapartida o fortalecimento dos meios coercitivos em outros e finalmente a proliferação de atividades econômicas "paralelas".

Reconhecida a inviabilidade de submeter o conjunto das atividades produtivas à lógica de uma inteligência artificial, estava aberta a porta para a penetração progressiva dos incentivos materiais, os quais surgiam como única opção à disciplina compulsória. Superada a fase de reconstrução estrutural e edificação do escudo militar, a acumulação foi sendo progressivamente orientada para outros objetivos, cuja coerência era derivada do sistema de incentivos materiais, o que levava a transferir no tempo o objetivo estratégico inicial de construção de uma sociedade crescentemente igualitária. Com efeito: uma vez que se concebe o *desenvolvimento* como acumulação subordinada à lógica de um sistema de incentivos materiais — portanto no quadro de desigualdades de níveis de consumo que se reproduzem —, o caminho mais curto para alcançá-lo é transplantar a civilização material já existente nos países capitalistas. Se se definem novos objetivos sociais para enquadrar a acumulação, como estar seguro de que os mesmos são traduzíveis em termos de incentivos, vale dizer, são compatíveis com a disciplina social requerida para assegurar a eficiência? Os objetivos que servem de moldura ao plano teriam de fundar-se seja em certa idéia do homem e da sociedade, seja na experiência histórica. No primeiro caso surge o risco de deslizar num utopismo à Babeuf, mesmo que este se paramente de ouropéis eletrônicos. No segundo, o de buscar a linha de menor resistência dos países que mantêm a vanguarda da acumulação: entrar na lógica da difusão da civilização industrial. A descoberta de uma "lei econômica objetiva do desenvolvimento planificado e proporcional da economia nacional", que Stálin imaginou ser a sua grande contribuição à teoria do socialismo, continua tão inconsistente e fugidia como o flogisto dos alquimistas.

A idéia de desenvolvimento tem sido referida de preferência ao processo de difusão da civilização industrial no quadro da dependência externa, caso em que mais difícil se faz precisar seu significado, se a despimos das conotações ideológicas correntes. Com efeito: o acesso indireto à civilização industrial — ponto de partida das relações de dependência — reflete-se de forma significativa no conteúdo do processo acumulativo, que está longe de confundir-se, conforme assinalamos, com o desenvolvimento das forças produtivas. A diversificação do consumo, inerente à evolução da civilização industrial, segue aproximadamente a linha ascendente da maior acumulação em bens finais que estão sob controle direto da população. Assim, à medida que a acumulação avança, maior é a sua fração constituída de bens de consumo duráveis (incluindo entre estes as residências) e de bens finais de uso coletivo como as estruturas urbanas.

A assimilação indireta da civilização industrial consiste exatamente em financiar essas formas de acumulação, implícitas na "modernização" dos estilos de vida, com um excedente extraído de exportações originárias de uma agricultura extensiva ou da alienação de recursos não renováveis. Um país como o Uruguai pôde instalar-se plenamente na civilização industrial — chegando a ostentar um grau de diversificação do consumo semelhante ao das nações mais avançadas no desenvolvimento das forças produtivas — graças à abundância relativa de pastos naturais em que mantinha uma pecuária extensiva. Uma vez utilizada a totalidade desses pastos, o excedente por habitante teria de declinar, a menos que a população permanecesse estacionária. Mais precisamente: posto que os estilos de vida importados requeriam crescente acumulação dos bens finais, mesmo com uma população estacionária esse país não teria condições para acompanhar a evolução da civilização material a que tivera acesso indiretamente. Toda tentativa visando a retomar o processo de expansão do excedente pressupunha modificações na estrutura da acumulação, em detrimento do padrão de vida de importantes grupos de população, o que teria necessariamente de suscitar fortes resistências. Este caso, sendo extremo, não deixa de ter valor ilustrativo, pois desnuda o fundo de um problema comum a todos os países que enveredaram pelo acesso indireto à civilização industrial. Assim, não foram pequenas as dificuldades com que se defrontou Cuba, após a estagnação da produção açucareira a partir dos anos 20, em seguida ao período explosivo de modernização dos dois primeiros decênios do século XX. O Chile, que financiou uma precoce urbanização e uma flamante modernização com um excedente extraído de exportações de salitre e cobre, também enfrentou enormes obstáculos quando tentou reorientar o processo acumulativo. A acumulação fora do sistema produtivo de que se dotou a Venezuela, graças ao excedente proporcionado pelas exportações de petróleo, é certamente das mais elevadas do mundo. O custo de reprodução da infra-estrutura física desse país e do estoque de bens de consumo duráveis que nele existe absorve parcela substancial do excedente, o que explica a taxa de crescimento relativamente modesta da economia venezuelana, apesar do formidável fluxo de recursos que proporciona o petróleo.

A observação das estruturas sociais põe de manifesto alguns dos aspectos de mais relevo dos problemas que vimos de referir. A dependência pode ser imposta pela violência, assumindo a forma de pilhagem dos recursos locais. Mas a experiência histórica demonstrou sobejamente que neste caso, pelo fato mesmo de que o excedente permanece em sua quase totalidade no exterior, a difusão da civilização industrial é muito lenta ou mesmo se frustra totalmente. Na situação que tendeu a prevalecer ocorre uma aliança de parte das elites locais com interesses forâneos, o que permite a retenção pelas primeiras de uma parcela do excedente, ponto de partida do mercado de importações que será o mecanismo de transmissão dos novos valores materiais. Com a modificação das formas de vida, amplia-se a área de ação dos grupos que se beneficiam do novo excedente. O setor primário-exportador pode aumentar o faturamento mediante tratamento industrial do que produz. Também certas importações podem prolongar-se em atividades industriais complementares, com economia de custos de transportes, seguros e estocagem, e melhor competir com um artesanato preexistente. O setor financeiro será igualmente levado a expandir-se. Mas todas essas atividades serão desdobramentos, em graus diversos, do setor primário-exportador. Assim, a rentabilidade de qualquer atividade econômica na Venezuela depende do excedente gerado pelas exportações de petróleo, de onde saem os recursos para subsidiar a importação de alimentos e de produtos intermediários usados pela agricultura e indústria locais.

Sem embargo de que as principais atividades econômicas continuam de uma ou outra forma ligadas ao setor primário-exportador, a classe que se beneficia do excedente tende a diferenciar-se e a estrutura do sistema de poder a ganhar em complexidade. Uma contração do excedente de maiores proporções, como a ocorrida após a crise de 1929, criou ou aprofundou antagonismos entre grupos dirigentes nos países latino-americanos que haviam alcançado um maior grau de diversificação de suas economias. Mais recentemente, no Uruguai, a contração do excedente acirrou os antagonismos entre os grupos que dele se beneficiam e pôs em marcha um trágico processo de autofagia. Por outro lado, com a urbanização surge um amplo assalariado, em grande parte ligado a atividades terciárias. Quando não existe um reservatório de mão-de-obra formado por atividades de subsistência — caso excepcional mas que ocorreu no Uruguai — o salário médio tende a crescer independentemente de que haja ou não aumentos na produtividade média, o que significa que uma parte do excedente está sendo absorvida por grupos de assalariados com maior poder. Não sendo acompanhado de diversificação do sistema produtivo interno, esse processo conduz a maior pressão sobre a balança de pagamentos e produz uma inflexibilidade adicional na estrutura social.

A brutalidade de uma crise que desorganizou por muitos anos o setor dinâmico das economias latino-americanas e reduziu à metade o volume de suas importações trouxe à tona possibilidades evolutivas que escapavam à visão do mundo dos grupos dominantes dos respectivos países. Com efeito: a expansão das atividades industriais que se observa no Brasil nos anos imediatos à crise do setor primário-exportador deixa pouca dúvida sobre o fato de que o desenvolvimento do mercado interno havia sido consideravelmente retardardo pela incapacidade dos grupos dirigentes de colocar-se à altura das reais possibilidades do país. O

Estado, que em outras partes fora utilizado para provocar mutações no processo de acumulação, no sentido de dotar o país de um sistema industrial essencialmente apoiado sobre o mercado interno, permanecia a serviço da reprodução do quadro da dependência. Foi necessário que as circunstâncias históricas bloqueassem todos os caminhos que reconduziam ao passado — a insistência em produzir café levará à queima de 80 milhões de sacas — para que se vislumbrassem saídas para o futuro. Mas o esforço para dotar o país de uma autêntica infra-estrutura industrial — capaz de articular o conjunto das atividades econômicas em torno de centros autônomos de decisão — seria modesto em suas pretensões e chegava tarde para romper as amarras da dependência.

A industrialização tardia, subseqüente a um processo de implantação indireta da civilização industrial, apresenta particularidades hoje amplamente reconhecidas. Os vínculos entre o mercado preexistente e o exterior favorecem o controle da produção local por filiais ou subsidiárias das empresas que antes supriam esse mercado com exportações. A dupla inserção da firma local — na economia do país em que se localiza e no grupo multinacional a que pertence — engendra formas oligopólicas de mercado de um novo tipo: as barreiras à entrada inexistem para os competidores que penetram de fora (dada a dimensão do grupo transnacional, os recursos aplicados localmente são exíguos) e são enormemente elevadas para um empresário do país, porquanto a concorrência entre grandes empresas realiza-se mediante a diversificação do produto e a propaganda. Em razão da multiplicidade de filiais, as necessidades de acumulação são consideráveis e notória a tendência à subutilização das instalações. Por outro lado, a pressão para diversificar a demanda e adaptá-la aos padrões que se renovam nos centros de onde emana a tecnologia também se traduz em exigências de acumulação no nível da massa consumidora. A conseqüência manifesta é a concentração da renda com distanciamento crescente entre os padrões de vida de uma minoria privilegiada e os da grande massa da população, particularmente a que permanece nas zonas rurais.

A pressão que exercem as empresas transnacionais no quadro dessas novas formas de mercado, que combinam elementos da "concorrência monopolística" com as estratégias dos oligopólios, no sentido de difundir as formas mais sofisticadas de consumo que engendra a civilização industrial, constitui uma das causas básicas da crescente heterogeneidade social do mundo dependente. O rápido desenvolvimento das forças produtivas, ainda que limitado a certos setores ou áreas, e os baixos salários, que uma oferta elástica de mão-de-obra permite pagar ao trabalhador não especializado, proporcionam considerável excedente. Realimenta-se, assim, a acumulação, em benefício de uma classe média cujos padrões de consumo se distanciam consideravelmente dos da massa da população. Constituída de profissionais, quadros superiores civis e militares e trabalhadores especializados, esses grupos emergentes ampliam o sistema de dominação social e modernizam as estruturas de poder.

A difusão da civilização industrial no quadro da dependência — na fase primário-exportadora como na de industrialização — pressupõe elevação da produtividade econômica da força de trabalho e crescimento ainda mais intenso do excedente apropriado localmente. Contudo, qualificar um tal processo de *desenvolvimento* implica atribuir a esse conceito significação muito menos restritiva do que a que lhe corresponde quando aplicado à evolução da civilização industrial nos países que a lideram. Nestes, a intensificação da acumulação foi precedida de transformações sociais com reflexos no sistema de poder. Desde o início diretamente orientada para o desenvolvimento das forças produtivas, a acumulação propiciou outras transformações sociais que tornariam viável a crescente integração política da massa de assalariados. A homogeneização das formas de vida ocorreria no que concerne à satisfação das necessidades básicas (inclusive no campo da cultura não material), se bem que a heterogeneidade se mantivesse, ou mesmo se acentuasse, no que respeita às necessidades menos essenciais e ao supérfluo. Os bens coletivos, de crescente importância na definição do estilo de vida, seriam um fator de homogeneização social, ainda que em grau que varia consideravelmente entre países.

No quadro da dependência, a difusão da civilização industrial levou a experiências frustradas de homogeneização social (a exemplo do ocorrido no Uruguai) ou a tipos de sociedade de crescente heterogeneidade, nas quais o próprio dinamismo da economia parece requerer a hiperdiversificação do consumo de minorias, que coexistem com amplas maiorias cujo baixo nível de vida serve de escusa para os ínfimos salários que lhe são impostos. Dessa forma, o crescimento da produtividade e o aumento da acumulação, que acompanham a difusão da civilização industrial, têm como contrapartida uma crescente pressão sobre a massa trabalhadora. Não se trata de simples reprodução das desigualdades sociais, e sim de agravação destas. Em síntese: o desenvolvimento das forças produtivas em condições de dependência não engendra as transformações sociais que estão na base da valorização da força de trabalho.

A utilização de um mesmo conceito — o de desenvolvimento —, com referência aos dois processos históricos, envolve ambigüidades que somente um espesso véu ideológico consegue ocultar.

4. Da ideologia do progresso à do desenvolvimento

Durante o fecundo processo de invenção cultural que foi a revolução burguesa produziu-se o refinamento desses dois poderosos instrumentos da mente humana: o racionalismo e o empirismo. Tudo submeter ao entendimento crítico a partir de um conjunto de conceitos, por um lado, e por outro referir-se à experiência para comprovar a veracidade de uma proposição — a correspondência das idéias com os fatos — era lançar as bases de uma sociedade fundamentalmente secularizada, na qual não caberiam nem o autoritarismo nem o misticismo como bases do conhecimento. Nessa sociedade tudo podia ser posto em dúvida, e a coesão social passava a depender mais da visão do futuro do que da memória do passado. Essa visão do futuro encontrou sua expressão definitiva na idéia de *progresso*. Se a humanidade é perfectível *ad infinitum*, como pensava Condorcet, a idéia de progresso poderá unir os homens de forma ainda mais sólida do que a antiga fé religiosa.

Posto que a revolução burguesa não era outra coisa senão a ascensão de forças sociais que tinham na acumulação a fonte do próprio prestígio, e a acumulação nos meios de produção conduzia à diversificação do consumo (mediante o intercâmbio externo ou a invenção interna), as mudanças que daí decorriam nos padrões culturais — a concepção de modernidade — passaram a ser consideradas como um indicador de ascensão social, de melhora, de progresso. Tudo o que conduzia ao progresso, à "riqueza das nações", na feliz síntese do título da obra clássica de Adam Smith, ganhava legitimidade. O sistema de dominação social já não buscava legitimidade em suas origens — em um passado em que os homens houvessem recebido um mandato de seus deuses —, e sim em um futuro visualizado como promessa de abundância para todos, ou pelo menos para aqueles que compreendessem o espírito da nova época. Muitos foram os elementos das classes dominantes tradicionais que cedo captaram essa mensagem, o que explica que a revolução burguesa haja sido em grande parte liderada por membros da nobreza, que punham sua competência e também sua influência a serviço dos novos tempos.

Em uma sociedade em que grupos e classes sociais, com interesses antagônicos, adquirem progressivamente uma percepção das posições respectivas e uma visão do todo social — processo inevitável em uma sociedade secularizada —, as estruturas de privilégios passam a ser transparentes e, por conseguinte, permanentemente ameaçadas. Forças centrífugas tendem a emergir com a tomada de consciência de antagonismos que se agravam. As lutas de classes, que em sociedades submetidas a formas tradicionais de dominação se manifestam sob a forma de explosões ocasionais de populações levadas ao desespero pela exploração e a opressão, surgirão agora como um processo intermitente, exigindo um quadro institucional que as discipline. Nessas sociedades estruturalmente instáveis, com contradições internas que pareciam condená-las a um fim catastrófico, a idéia de progresso iria constituir a célula mater de um tecido ideológico que serviria de ligadura entre grupos sociais antagônicos.

Destruídas as bases ideológicas do autoritarismo e do misticismo, como legitimar o poder sem referi-lo diretamente aos interesses permanentes da coletividade? O problema político fundamental passava a ser, portanto, o da representatividade. Todos os recursos serão utilizados para "educar" os membros da coletividade, de forma que compreendam os seus "verdadeiros" interesses. É necessário levá-los a preferir a estabilidade ao caos, razão pela qual o sufrágio censitário privilegiará por muito tempo aqueles que mais têm a perder com a instabilidade. A escolarização universal será uma das técnicas sociais de que se lançará mão para uniformizar o pensamento e preparar o homem comum para aceitar a "superioridade dos critérios racionais", com base nos quais os que controlam a informação exercem efetivo poder. Ora, a idéia de progresso permitiria traduzir a nova visão do mundo em termos de solidariedade social, de forma a contrabalançar os efeitos das forças desestabilizadoras. Como não compreender que somente na acumulação poderia ser encontrada solução permanente para os problemas da grande massa da população? Toda tentativa de satisfazer as reivindicações das massas sem passar por uma intensa acumulação estaria necessariamente condenada a malogro: implicaria desarticulação do sistema econômico, baixa de produtividade, desemprego. Acumular interessava, evidentemente, aos grupos que tutelavam a estrutura de poder, mas nem por isso deixava de ser fundamental para todos os grupos sociais que aspiravam aos frutos do progresso.

O impacto da ideologia do progresso-acumulação foi tão profundo e abrangente que impregnou até mesmo o pensamento revolucionário surgido da luta de classes e orientado para a destruição da ordem capitalista. A sua incorporação ao pensamento revolucionário é um dos ingredientes da passagem do "socialismo utópico" para o "socialismo científico", do pensamento de um Fourier com seu mundo simples de "paixões harmônicas" para o das contradições sempre superadas que abrem a porta de um mundo melhor em Marx.

Em sua forma mais elaborada, o pensamento revolucionário surgido no quadro da civilização industrial atribuiu à classe operária papel histórico semelhante ao que desempenhara a classe burguesa, ou seja, a função de provocar transformações culturais que abririam um novo ciclo de civilização. Mas, enquanto a revolução burguesa se havia desdobrado por séculos, a nova mutação histórica far-se-ia em período relativamente curto, graças à formidável intensificação do processo acumulativo. O rápido desenvolvimento das forças produtivas que se assinalava no século XIX, ao aumentar a instabilidade característica do sistema, agravaria as contradições entre a base material da sociedade (e seu potencial acumulativo) e o complexo institucional (e o sistema de decisões) que a superintende a serviço da classe burguesa. Mas o verdadeiro progresso — a transformação qualitativa da sociedade —, longe de ser linear, apresentar-se-ia como uma ruptura, um salto, após o qual se descortinaria novo horizonte de possibilidades ao homem.

A idéia de superação das contradições da sociedade capitalista (eliminação dos antagonismos de classe) mediante a ruptura e reconstrução da superestrutura (quadro institucional) é, evidentemente, outra versão da visão do futuro como promessa de um mundo melhor. Mesmo manifestando-se sob a forma de um salto, o progresso não deixaria de ser uma conseqüência do prévio desenvolvimento das forças produtivas, vale dizer, da acumulação. A explicação última dessa ruptura estaria exatamente no fato de que o conjunto de relações sociais, particularmente as relações de produção que correspondem aos interesses da classe dominante, passa a constituir um freio ao pleno desenvolvimento dessas forças produtivas. A "agravação das contradições" não era mais do que a manifestação do fato de que a classe burguesa cumprira o seu papel histórico de acicate do processo acumulativo, gastara-se. Transformada em parasita do sistema, ela tendia a operar como freio à acumulação. Em síntese: as leis da acumulação — com sua teoria implícita da classe portadora de um projeto de sociedade em que se superam as contradições do presente — comandam a evolução das formas sociais.

Apoiada em uma teoria da história que obteve grande impacto ao preencher evidente lacuna das ciências sociais — e que era suficientemente vaga para adaptar-se a uma multiplicidade de situações e jamais poder ser contestada —, a ideologia do "socialismo científico" desempenhou papel da maior relevância na difusão da civilização industrial em áreas em que fora débil ou nulo o processo da revolução burguesa: áreas com grande atraso relativo na acumulação; e também na luta contra a dependência externa nos países submetidos a jugo colonial, ou seja, ali onde a dependência foi efetivo empecilho à difusão da civilização industrial.

Ora, dificilmente se lograria estabelecer uma relação de causalidade entre um prévio desenvolvimento das forças produtivas e a revolução burguesa. Os especialistas estão de acordo em afirmar que esse desenvolvimento foi lento, ou insignificante, durante os dois ou três séculos que precederam à eclosão da civilização industrial: o consumo de energia por trabalhador manteve-se praticamente estável, e as principais tranformações da agricultura estiveram ligadas ao sistema de exploração e à introdução de novas culturas, como as da batata e do milho, importadas da América. A relação de causalidade pareceria ser inversa: as mudanças ocorridas no sistema de dominação social abriram a porta à reorientação do processo acumulativo, reorientação que conduziria à aceleração deste. Explica-se, assim, que todo um sistema de cultura se haja contraposto ao que prevalecia. Tampouco caberia falar de revolução cultural, pois o sistema de cultura preexistente, mesmo deslocado, desempenharia papel decisivo na formação do novo quadro institucional e na elaboração da nova visão do mundo.

Certo: a ascensão dos novos grupos dominantes está ligada às transformações trazidas ao processo acumulativo pela expansão comercial que se acelera no século XVI, pelo fluxo de ouro e prata originários da América, pela pilhagem da África, de onde se extraíram dezenas de milhões de escravos. Mas nada autoriza confundir essa ampliação do excedente com desenvolvimento das forças produtivas. Os novos recursos permitiram financiar guerras e reforçar as estruturas monárquicas que estão na base dos Estados nacionais modernos. E também proporcionaram à classe mercantil os meios para ampliar o raio de ação de suas atividades, substituindo-se no controle da produção agrícola e manufatureira às velhas estruturas de dominação. É a subseqüente imposição dos critérios mercantis à organização da produção — transformação da terra e da força de trabalho do homem em "elementos da produção" submetidos às leis do mercado — que conduzirá à prevalência da racionalidade instrumental e abrirá a porta ao desenvolvimento explosivo das forças produtivas. A civilização industrial, fruto dessa mutação histórica, crescerá dentro do espaço cultural saído da revolução burguesa, mas está longe de com esta confundir-se.

A difusão planetária da civilização industrial veio demonstrar que o conjunto de técnicas (e de formas de comportamento requeridas pela aplicação dessas técnicas) que a constituem é compatível com formas de organização social distintas daquelas surgidas da revolução burguesa. Demais, a experiência histórica tem demonstrado que são as sociedades de perfil mais inigualitário aquelas que mais rapidamente assimilam — ou o fazem com menores deslocações em suas estruturas sociais — os valores da civilização industrial. Por outro lado, liquidar as relações sociais próprias ao capitalismo não significa, necessariamente, marchar para uma sociedade igualitária, se se mantém a lógica da acumulação específica da civilização industrial. Com efeito: o centro motor desta permanece nos países capitalistas de mais alto nível de acumulação; daí que sua vanguarda inovadora continue impregnada dos valores culturais originários da revolução burguesa. O que explica que as ideologias anticapitalistas, fundadas na idéia mater de acumulação-progresso, hajam operado como linha auxiliar na difusão planetária desses valores.

Da mesma maneira como a idéia de progresso transformou-se em alavanca ideológica para fomentar a consciência de interdependência em grupos e classes com interesses antagônicos, nas sociedades em que a revolução burguesa destruíra as bases tradicionais de legitimação do poder, a idéia de desenvolvimento serviu para afiançar a consciência de solidariedade internacional no processo de difusão da civilização industrial no quadro da dependência. Durante a fase de acesso indireto aos valores materiais dessa civilização — fase em que se plantaram as raízes da dependência — prevaleceria a doutrina de que o caminho mais curto para o enriquecimento de uma região ou país era a especialização inter-regional ou internacional. Inserir-se no sistema de divisão internacional do trabalho seria a forma mais "racional" de eliminar o atraso na diversificação do consumo, de avançar para a linha de frente das nações *civilizadas*.

Ora, o caminho da especialização internacional não requeria modificações de maior monta nas estruturas sociais: era um pacto que se estabelecia entre interesses externos e grupos dominantes internos. Importava que estes estivessem em condições de suprir os mercados internacionais de determinados produtos, e não a forma como eram obtidos os produtos destinados à exportação. O dinamismo do sistema provinha do exterior, e não de transformações sociais internas. O mercado interno era função da parcela do excedente retida localmente, portanto uma prolongação das atividades internacionais.

A industrialização no quadro da dependência introduzirá modificações importantes nesse pacto. O interlocutor dos interesses externos (e ocasionalmente o concorrente) será elemento surgido da diversificação da economia, imposta pelas vicissitudes da dependência. Nos países em que a tutela colonial avançou pelo século XX, a transformação das estruturas internas de dominação colonial foi lenta, o que favoreceria a emergência ulterior de forte estamento burocrático. Nos países latino-americanos, onde o Estado nacional se constituiu desde a primeira metade do século XIX, as repetidas deslocações ocasionadas pela instabilidade do setor primário-exportador propiciaram a diversificação e ampliação dos grupos dominantes, habilitando-os para a fase de industrialização.

O novo pacto entre interesses externos e dirigentes internos, em que se funda a industrialização dependente, viria substituir o mito das vantagens da especialização internacional pela idéia mais mobilizadora de *desenvolvimento*. Privados progressivamente de memória histórica e senso de identidade, referidos a um sistema de medidas concebido para os fins da acumulação, os povos atraídos pela via indireta para a civilização industrial passaram a ser classificados, ordenados, etiquetados, transfigurados em entidades abstratas cujo comportamento se explica exaustivamente a partir de um número limitado de dados. Posto que se concebe "desenvolvimento" como uma performance internacional — ignorando-se o custo da acumulação em termos de valores culturais próprios —, a história dos povos passa a ser vista como uma competição para parecer-se com as nações que lideram o processo acumulativo. Os meios sugeridos para alcançar esse objetivo, sempre fugaz, não terão sido muitos: todos passam pela idéia de aumento da taxa de poupança interna e/ou criação de condições capazes de atrair recursos externos. Essa doutrina serviria de cobertura para os investimentos diretos estrangeiros, mediante os quais as atividades produtivas dos países dependentes viriam a ser controladas do exterior. Se o objetivo estratégico é acelerar a acumulação, todo aporte de recursos forâneos é *positivo*. Pelo mesmo caminho justifica-se a concentração da renda: são os ricos que têm capacidade de poupança. A idéia de progresso que adotam as minorias privilegiadas e a racionalidade das empresas transnacionais convergem para acelerar a diversificação e sofisticação dos padrões de consumo, em detrimento da satisfação das necessidades essenciais do conjunto da população.

Dessa forma, a ideologia do desenvolvimento se distingue da do progresso por um economicismo mais estreito inserido no quadro da dependência externa. A idéia de progresso foi principalmente usada com vistas a favorecer um pacto social entre grupos e classes que se sabiam com interesses antagônicos. Não se pode isolá-la da difusão em todas as camadas sociais do racionalismo e do empirismo que emergiram da revolução burguesa como formas dominantes de pensar. Uma sociedade de classes que pensa sobre si mesma produz necessariamente um pluralismo ideológico. A idéia de progresso foi o cimento de uma superideologia que injetou um fio de solidariedade entre grupos sociais que fatores econômicos objetivos de monta levavam a conflitar. No quadro dos antagonismos e dos problemas que daí surgiam para o sistema de dominação social, a ideologia do progresso tomou corpo, criou e renovou o seu discurso. O diálogo entre conservadores e liberais, pelo fato de realizar-se dentro da classe que exercia o poder, não deixava de captar as ondas de maior amplitude que irradiavam das tensões sociais. A pluralidade ideológica ampliava necessariamente a área coberta pelo debate político: as iniciativas se exerciam em múltiplas direções, a fim de abrir opções nos momentos em que as tensões se tornassem agudas. A visão otimista do futuro, instilada pela ideologia do progresso, preparava os grupos que se sentiam ameaçados em seus privilégios para assimilar iniciativas antecipadoras e acenava para os desprivilegiados com a miragem da ascensão social.

A idéia de desenvolvimento como performance internacional apresenta-se dissociada das estruturas sociais, simples expressão que é de um pacto entre grupos internos e externos interessados em acelerar a acumulação. Portanto, tem um conteúdo estreitamente economicista. Ignorando as aspirações — conflitantes ou não — dos grupos constitutivos da sociedade, ela aponta para o simples transplante da civilização industrial, esta concebida como um estilo material de vida originado fora do contexto histórico do país em questão. As condições ideais para esse transplante podem confundir-se com o imobilismo social: a população passa a ser vista pelos agentes do processo de industrialização como uma massa de "recursos produtivos" enquadrados nas leis dos mercados. Os conflitos sociais, longe de serem uma fonte alimentadora da criatividade política, são percebidos como formas de desperdício de energias da sociedade. Importante prolongamento dessa ideologia é a doutrina do autoritarismo como sistema político mais adequado às sociedades de industrialização tardia. Somente no quadro do autoritarismo seria possível criar as condições requeridas para um rápido transplante das técnicas industriais e, simultaneamente, intensificar a acumulação. A atividade política passa a ser vista como um esforço orientado para reduzir as resistências das estruturas sociais à penetração das técnicas próprias à civilização industrial. O autoritarismo, instrumento para alcançar estágios superiores de acumulação, tenderia a perder sua razão de ser em fase ulterior do desenvolvimento. Também neste caso a evolução das forças produtivas é apresentada como catapulta para alcançar formas sociais consideradas superiores. Como no caso da doutrina do "socialismo científico", esta visão otimista do futuro, subproduto da acumulação, não tem mais fundamento do que uma leitura epidérmica da histórica social da Europa.

Uma comparação, mesmo superficial, dos dois processos históricos evidencia que, no primeiro, os conflitos sociais e a atividade política a estes ligada constituem o elemento propulsor das transformações estruturais que são a substância do que veio a chamar-se "desenvolvimento". Sem essas transformações o processo de acumulação nas forças produtivas não teria prosseguido além de certos limites. A civilização material engendrada pela industrialização não é outra coisa senão o conjunto de manifestações externas de um processo de criatividade cultural que abrange outras esferas da vida social. Assim, a orientação da tecnologia não é alheia a esse processo de confrontação de forças sociais. Em síntese: a panóplia de bens que à sua disposição tem o membro da moderna sociedade de consumo constitui a resultante momentânea de longo processo histórico, no qual a reprodução de estruturas sociais, sempre postas em xeque, ocorre num quadro altamente dinâmico. No segundo dos processos históricos referidos — o da industrialização em condições de dependência — as transformações estruturais são um esforço de adaptação em face do transplante maciço de técnicas geradas em sociedades que se encontram em fase bem mais avançada de acumulação.

Ao contrário do que ocorreu no primeiro processo, nenhuma evidência existe de que a industrialização dependente conduza a formas sociais estáveis. A crescente heterogeneidade social, que tem na "marginalidade urbana" apenas um de seus sintomas mais alarmantes, parece apontar em direção oposta. Ora, os sinais de uma instabilidade intrínseca em gestação servem de justificativa para o reforço de um autoritarismo preventivo. Dessa forma, mais do que instrumento destinado a propiciar uma rápida acumulação, o autoritarismo é uma arma repressora das forças sociais que a industrialização dependente não consegue canalizar de modo construtivo. Sendo o desenvolvimento a expressão da capacidade para criar soluções originais aos problemas específicos de uma sociedade, o autoritarismo, ao bloquear os processos sociais em que se alimenta essa criatividade, frustra o verdadeiro desenvolvimento.

5. Acumulação e criatividade

Quaisquer que sejam as antinomias que se apresentem entre as visões da história que emergem em uma sociedade, o processo de mudança social que chamamos desenvolvimento adquire certa nitidez quando o relacionamos com a idéia de criatividade. Simplesmente para reproduzir suas estruturas tradicionais, as sociedades necessitam de meios de defesa e adaptação, cuja eficácia reflete a aptidão de seus membros para formular hipóteses, solucionar problemas, tomar decisões em face da incerteza. Ora, a emergência de um excedente adicional — conseqüência do intercâmbio com outros grupamentos humanos ou simplesmente do acesso a recursos naturais mais generosos — abre aos membros de uma sociedade um horizonte de opções: já não se trata de reproduzir o que existe, e sim de ampliar o campo do que é imediatamente possível, esse espaço intermediário entre o ser e o nada a que se referiu Leibniz, dentro do qual se concretizam as potencialidades humanas. O novo excedente constitui, portanto, um desafio à inventividade. De um ângulo de observação distinto, não podemos deixar de notar que se os grupamentos humanos se empenharam por toda parte para ter acesso a novo excedente é porque a vida social gera uma energia potencial cuja liberação requer meios adicionais. Em sua dupla dimensão de força geradora de novo excedente e impulso criador de novos valores culturais, esse processo liberador de energias humanas constitui a fonte última do que entendemos por desenvolvimento.

A gama maravilhosa de culturas que já surgiram sobre a Terra testemunha o fabuloso potencial de inventividade do homem. Se algo sabemos do processo de criatividade cultural, é exatamente que as potencialidades do homem são insondáveis: em níveis de acumulação que hoje nos parecem extremamente baixos produziram-se civilizações que, em muitos aspectos, não foram superadas. Também sabemos que essa criatividade faz-se dentro de um espaço descontínuo que se amplia abruptamente e que tende a saturar-se. Tudo se passa como se determinada mensagem inicial — autêntica mutação — contivesse um programa pelo qual se pautará o comportamento futuro do processo criativo. Que em menos de um século a tragédia ática haja surgido e evoluído até alcançar sua expressão definitiva, jamais superada — como observa com convicção esse tradutor apaixonado de Sófocles que foi Hegel —, é uma indicação de que certa cultura pode atravessar períodos de frenética criatividade. O teatro, ao permitir aos gregos aprofundar sua identidade cultural, penetrar nas raízes míticas do subconsciente coletivo, enriqueceu-lhes as vidas no nível da visão do mundo e do conhecimento de si mesmos. Heródoto, que ganhava o pão de cada dia recitando em praça pública capítulos da história das guerras pérsicas — como historiador ele lutou contra o chauvinismo dos gregos e tratou de induzi-los a conhecer o rico patrimônio cultural dos "bárbaros" —, constitui exemplo maravilhoso da emergência da consciência crítica numa cultura.

Se pouco sabemos das leis da criatividade cultural, é ampla a evidência de que o campo do possível no que concerne a essa criatividade é mais amplo do que, sob influência de tradições religiosas e filosóficas, somos inclinados a pensar. Uma comparação mesmo superficial da filosofia grega, de tão profunda influência na formação do homem moderno — filosofia essencialmente voltada para a observação do mundo sensível —, com a filosofia hindu, orientada para a experiência subjetiva, para os conflitos morais inerentes à condição humana, é suficiente para dar-nos uma idéia da amplidão do horizonte em que se move a inventividade humana. Ainda assim, esse movimento não é errático: o essencial da atividade criadora evolui no âmbito de um espaço estruturado, como sugerimos. A sociedade primeiramente reproduz-se, e ao fazê-lo imprime uma coerência diacrônica à cultura. A dialética da inovação encontra aí limites dos quais só se libera quando se produzem as descontinuidades referidas.

Na cultura surgida da revolução burguesa, a racionalidade é um desses moldes ou estruturas implícitas que ordenam e submetem a criatividade. Max Weber nos advertiu para a importante linha demarcatória que nessa cultura diferencia a racionalidade com respeito aos *meios* da atividade social daquela que concerne aos *fins* da ação humana. Essa bifurcação — o dualismo cartesiano é uma de suas primeiras e mais nítidas manifestações — muito provavelmente tem suas origens na coexistência de dois sistemas de cultura — o feudal e o burguês — no processo formativo da civilização européia moderna. Graças a ela, as energias criadoras puderam ser progressivamente canalizadas e postas a serviço do desenvolvimento das forças produtivas. A história da civilização industrial pode ser lida como uma crônica do avanço da técnica, ou seja, da progressiva subordinação de todas as formas de atividade criadora à racionalidade instrumental.

Assim, a pesquisa científica foi progressivamente posta a serviço da invenção técnica, que por seu lado está a serviço da busca de maior eficiência do trabalho humano e da diversificação dos padrões de consumo. Ora, por muito tempo essa pesquisa constituiu-se principalmente numa aventura superior do espírito — expressão desse "espírito absoluto" que para Hegel se manifestava sob as formas de experiência artística, religiosa e filosófica —, resposta ao anseio do homem de melhor compreender e conhecer o mundo sensível e a si mesmo. Como o conhecimento do mundo sensível é condição *sine qua non* para que o homem transforme o mundo, portanto para que prossiga com o processo de acumulação, é natural que a ciência haja ascendido a posição eminente na cultura surgida da revolução burguesa. Mas, na medida em que se transforma em atividade ancilar da técnica, reduz-se o seu escopo como experiência fundamental humana. Algo similar ocorreu com a criatividade artística, progressivamente colocada a serviço do processo de diversificação do consumo.

Os impulsos mais fundamentais do homem, gerados pela necessidade de auto-identificar-se e de situar-se no universo — impulsos que são a matriz da atividade criativa: a reflexão filosófica, a meditação mística, a invenção artística e a pesquisa científica básica —, de uma ou outra forma foram subordinados ao processo de transformação do mundo físico requerido pela acumulação. Atrofiaram-se os vínculos da criatividade com a vida humana concebida como um fim em si mesma, e hipertrofiaram-se suas ligações com os instrumentos que utiliza o homem para transformar o mundo. Marcuse, ao afirmar que "a ciência, *em virtude de seu próprio método* e conceitos, projetou e promoveu um universo no qual a dominação da natureza permaneceu ligada à dominação do homem", iluminou um importante aspecto desse tema, mas também contribuiu para veicular uma imagem distorcida da ciência. Esta é uma manifestação da criatividade que somente pode ser entendida plenamente quando inserida no contexto cultural. Os métodos que utiliza — e que muitas vezes se afastam do modelo que deles traçam os epistemólogos — não são independentes dos problemas que aborda e da forma como percebem a realidade os homens de ciência.

Na economia capitalista o processo de acumulação marcha sobre dois pés: a inovação, que permite discriminar entre consumidores, e a difusão, que conduz à homogeneização de certas formas de consumo. Ao consumidor cabe um papel essencialmente passivo: a sua *racionalidade* consiste exatamente em responder "corretamente" a cada estímulo a que é submetido. As inovações apontam para um nível mais alto de gastos, que é a marca distintiva do consumidor privilegiado. Mas o padrão inicialmente restritivo terá de ser superado e difundido, a fim de que o mercado cresça em todas as dimensões. As leis desse crescimento condicionam a criatividade.

Todo objeto de uso final, que não procede diretamente da natureza, é fruto da invenção humana, é um *objeto de arte.* Seu fim é enriquecer a existência dos homens. Aquele que constrói a própria casa aí põe o seu engenho para dotar-se de um ambiente que lhe faça a vida mais interessante. O mesmo se pode dizer com respeito à vestimenta, aos alimentos, enfim, de tudo o que é expressão imediata da personalidade humana. Se esses objetos são adquiridos no mercado, a participação do indivíduo no arranjo da própria vida reduz-se a um mínimo ou assume a forma de simples mimetismo social. A possibilidade de criar algo para si próprio ou no quadro das relações pessoais míngua: a vida como projeto original tende a ser substituída por um processo de adaptação a estímulos exteriores. O indivíduo poderá reunir em torno de si uma miríade de objetos, mas sua participação na invenção destes terá sido nula. Os objetos que adquire e substitui a qualquer instante podem proporcionar-lhe "conforto", mas carecem de uma vinculação mais profunda com sua personalidade. A produção de tais objetos está subordinada ao processo de acumulação, que encontra na homogeneização dos padrões de consumo uma poderosa alavanca. Alguns desses objetos serão extraordinariamente sofisticados, mas ainda assim pouco duráveis, pois a intensidade da inovação tem como contrapartida a rapidez da obsolescência. A compreensão do exato funcionamento de tais objetos requer tal nível de *expertise* que o seu usuário corrente os terá como coisas misteriosas. Demais, em sua maioria os objetos de consumo já são concebidos tendo em vista sua posterior difusão, ainda que sob a forma de modelos menos dispendiosos. Assim, um conjunto de normas derivadas do processo de acumulação sobrepõe-se à atividade criadora em sua expressão mais universal, qual seja, a invenção do estilo de vida da sociedade.

Não se trata de postular a existência de um sujeito transcendental, anterior a toda realidade social. O que importa é identificar o espaço dentro do qual se exerce a criatividade, concebida no seu sentido amplo de invenção da cultura. O que chamamos de processo de secularização não constitui um "amadurecimento" natural dos espíritos, como pensam H. Cox e outros idealizadores da tecnópolis. A secularização é uma das manifestações, em relação à visão do mundo, da subordinação aos *meios* da atividade inventiva do homem. Na medida em que a criatividade é posta a serviço do processo de acumulação, os meios tendem a ser vistos como fins, produzindo-se a ilusão de que todo avanço da "racionalidade", na esfera econômica, contribui para a liberação ou "desalienação" do homem. Contudo, esse "progresso" não se traduz necessariamente por uma redução do campo do irracional na vida social, pois o homem comum não está em condições de *entender* os *gadgets* que são postos à sua disposição e tampouco a sua visão do mundo — alimentada pelos *mass media* — é menos povoada de elementos míticos do que em outras épocas.

De uma maneira geral, todas as formas que assume a criatividade humana podem ser postas a serviço do processo de acumulação. Mas são aquelas cujos resultados são por natureza cumulativos — a ciência e a tecnologia — que melhor satisfazem as exigências desse processo, o que lhes vale o lugar privilegiado que ocupam na civilização industrial. *Mutatis mutandis*, sem a subordinação da ciência e da tecnologia ao processo de acumulação, este jamais teria alcançado a intensidade que o caracteriza. Da convergência desses dois efeitos resultou que as energias criadoras do homem tenderam a ser canalizadas para áreas circunscritas e progressivamente subordinadas à lógica dos meios.

Posta a serviço da acumulação e orientada para produzir resultados cumulativos, a criatividade conheceu uma expansão fabulosa, dando origem a uma civilização em que os homens são expostos, em uma fração de suas vidas, a mais inovações do que conhecera a humanidade em toda a sua história anterior. Mas esse frenesi criador se exerce num espaço delimitado pela racionalidade formal: nele o homem existe principalmente como objeto suscetível de ser *analisado*, condicionado, programado. A criação não cumulativa — por natureza mais dependente da consciência de valores finais — tendeu a minguar nesse contexto cultural condicionado por uma percepção fragmentária do homem. Assim, no mundo artístico, a tendência a subordinar os fins aos meios levou a substituir a visão global ligada ao conceito de estilo pela percepção analítica que conduz ao conceito de linguagem. Linguagens formalizadas em uma terminologia analítica transposta da matemática invadiram os manuais de composição musical. Uma concepção da pesquisa inspirada no reducionismo científico tendeu a ocupar espaço crescente nas academias de arte. Por outro lado, as criações artísticas de épocas anteriores foram isoladas de seu contexto, desvinculadas do espírito da época que as produziu, conforme as exigências dos processos de difusão comercial.

Quiçá haja sido o romantismo a última visão global do homem que emergiu no mundo ocidental. Essa visão projeta uma personalidade que corajosamente assume o próprio destino ao mesmo tempo que busca manter-se em harmonia com a natureza. Goethe, em sua *Ifigênia*, ao inverter o espírito da primeira Ifigênia de Eurípedes e sobrepor a criatura humana às forças transcendentes do destino, fez de obra-prima do classicismo o vetor dessa nova imagem do homem que por um século definiria o rumo da criatividade artística na Europa.

As formas sociais constituem uma esfera da invenção cultural em que é mais difícil estabelecer a linha demarcatória entre fins e meios. A invenção de novos tipos de associação entre os membros de uma sociedade e a institucionalização das relações (de cooperação ou conflituais) entre os indivíduos, são a expressão da capacidade criadora do homem em uma de suas formas mais nobres. Assim, na evolução do capitalismo moderno a invenção da sociedade anônima — instituição por um grupo de pessoas privadas de uma entidade com personalidade autônoma e de vida indefinida — significou autêntica mutação. A invenção da greve — essa instituição *sui generis* que faz possível o uso controlado da violência fora do Estado — não terá sido mutação de menor alcance. Expressão superior da *convivência política*, a criação de novas formas sociais é certamente inseparável de um sistema de valores. Daí uma necessidade de legitimidade que obstaculiza a subordinação dos fins aos meios. Ainda assim, na atividade política os aspectos operacionais podem ganhar considerável relevância. A simples evolução dos meios técnicos de coleta e manipulação da informação produz necessariamente hipertrofia do poder burocrático. Contudo, nada é mais indicativo da canalização de forças criadoras para os *fins*, na vida social, do que a existência de atividade política.

Exatamente neste campo as sociedades que emergiram da revolução burguesa revelaram possibilidades excepcionais. O processo de acumulação opera como elemento propulsor de um sistema de forças sociais de grande complexidade: se no plano da civilização material a criatividade pode ser reduzida analiticamente a relações de causa e efeito, no das formas sociais faz-se necessário projetá-la na tela de fundo das antinomias e contradições inerentes à vida social. Os avanços e recuos de um processo de acumulação de direção descentralizada refletem-se na estrutura social sob a forma de antagonismos, e favorecem a conscientização de grupos e classes. O pluralismo institucional dessas sociedades tem aí plantadas as suas raízes. A atividade política é condição necessária para que se manifeste a criatividade no plano institucional, vale dizer, para que se inovem as formas sociais de maneira a reduzir as tensões geradas pela acumulação. É preciso não perder de vista que a acumulação é inseparável de transformações sociais, posto que ela se apóia na inovação. A simples observação da evolução do direito comercial põe em evidência que a invenção de novas formas sociais desempenhou importante papel no processo de acumulação, canalizando assim energias que de outra forma teriam provocado rupturas. Mas isso não impediria que a ampliação dos canais da acumulação — a possibilidade de criar grandes unidades produtivas — levasse à formação de vastas aglomerações de trabalhadores com interesses comuns, abrindo a porta a novas formas de ação política. O fogo cruzado da concorrência e da luta de classes — esta alimentada pela crescente escassez relativa da mão-de-obra — engendrou um complexo sistema de arbitragem e uma miríade de leis e normas cuja simples atualização requer complexa atividade política. Ao lado do pluralismo ideológico — fonte da intensa atividade política que caracteriza as sociedades capitalistas — operam superideologias de função essencialmente moderadora. O "nacionalismo", a "segurança nacional", a "defesa da família" ou da "civilização cristã" são exemplos dessas superideologias que se invocam acima da estrutura de classes a fim de impor uma maior disciplina social ou de frear um processo de mudança que ameaça interesses que já não encontram fonte de legitimidade no quadro do pluralismo ideológico. As superideologias reforçam as estruturas de poder; portanto operam em benefício dos grupos hegemônicos.

Nas sociedades em que a difusão da civilização industrial se apoiou num rígido controle social e na planificação centralizada das atividades econômicas, a acumulação deveria pautar-se num projeto social explicitamente definido (interesses da massa trabalhadora, eliminação de atraso *vis-à-vis* das sociedades capitalistas etc.). Os antagonismos sociais iriam decrescendo, à medida que emergisse uma "sociedade sem classes". Conforme a profecia sainsimoniana retomada por Marx, "o governo dos homens seria substituído pela administração das coisas". Por trás dessa doutrina estava a idéia de que a atividade política se confunde com as lutas pelo controle do Estado e com o exercício do poder por este. A construção de novas formas sociais, requeridas por uma sociedade em que se gera um crescente excedente, era assimilada à administração das coisas, relegada ao poder administrativo. Os conflitos sociais não seriam mais do que a expressão das lutas pela apropriação inigualitária do excedente: reflexo da exploração do homem pelo homem. Mas se a definição dos fins também pode gerar antinomias na vida social, o campo da atividade política é muito mais amplo, e esta muito mais permanente. Ocorre que nessas experiências de engenharia social os antagonismos surgiram antes do que se pensava, ainda que sob novas formas, pelo fato de que o sistema de incitações levaria a reproduzir as formas de comportamento que se imaginavam específicas da sociedade capitalista. Inexistindo um espaço político em que se manifestem os antagonismos que vão sendo conscientizados, tendem a aparecer formas sub-reptícias de atividades políticas, que muitas vezes conduzem à dissipação de energias criadoras. Demais, se os antagonismos não são canalizados no plano local ou setorial, a confrontação tende a assumir a forma de ruptura global com o sistema, esterilizando-se como fonte geradora de invenção cultural. A experiência histórica desses países constitui caso extremo de rarefação da atividade política aberta. Tuteladas por um poder burocrático centralizado, as formas sociais tendem a esclerosar-se, transformando-se finalmente em obstáculo ao próprio processo de acumulação. Por outro lado, a passividade a que é reduzida a população reflete-se em redução da iniciativa em todos os planos em que os indivíduos exercem uma atividade criadora socialmente reconhecida. Em síntese: o esvaziamento da atividade política engendra o niilismo ou a revolta, e não a liberação do homem.

Ali onde o transplante da civilização industrial se realizou no quadro da dependência, as antinomias sociais criadas pela aceleração da acumulação conduziram a situações que têm sua especificidade. No caso do transplante indireto — isto é, por meio de exportação de produtos primários — a acumulação no sistema produtivo é de pouca monta, o que significa que a massa da população permanece no quadro do sistema tradicional de dominação social. A própria escravidão pôde ser conservada por muito tempo a serviço da produção de matérias-primas, no quadro do sistema de divisão internacional do trabalho. A atividade política neste caso se reduz a confrontações entre grupos que dividem o excedente, principalmente entre aqueles que exercem tutela sobre a massa trabalhadora mediante o controle do acesso à terra e os que controlam os canais da comercialização e têm acesso direto aos centros metropolitanos de poder. Situações desse tipo produziram contrafações dos regimes políticos criados por um autêntico dinamismo social. Assim, o século XIX conheceu formas de pluralismo partidário operando dentro de elaborados sistemas parlamentares em países em que a maioria da população trabalhadora permanecia escrava ou perto disso. O desenvolvimento institucional, nestes casos, pouca criatividade requeria, o que não significa que as instituições transplantadas fossem de nenhuma valia para a evolução das formas sociais. Na fase de aceleração da acumulação — de industrialização dependente — colocar-se-ão problemas de maior significação. As estruturas sociais serão afetadas pela insuficiência da acumulação com respeito às técnicas que vão sendo adotadas. Permanecerá a heterogeneidade tecnológica, o que manterá a elasticidade da oferta de mão-de-obra.

Num sentido objetivo, esse tipo de acumulação cria antinomias sociais mais agudas do que aquelas que caracterizaram o desenvolvimento do capitalismo nos países que conheceram a revolução burguesa. Mas as projeções no plano político estão longe de ter a mesma relevância. De uma ou outra forma, a massa da população é mantida sob tutela: a participação no processo político da massa assalariada faz-se sob o controle de grupos que integram a estrutura tradicional de poder. Ocasionais deslocações nessa estrutura levam à emergência de lideranças "populistas", cujos "excessos" conduzem a purgas de autoritarismo. Certo: tanto por via populista como por via autoritária penetram reformas estruturais ou inovações institucionais por vezes de real alcance. Contudo, tais reformas, mesmo quando correspondem a necessidades do processo de acumulação, alimentam-se mais do mimetismo ideológico do que de autêntica criatividade política. Ora, dada a especificidade dos problemas que nesses países coloca a intensificação da acumulação, a inventividade no plano das formas sociais é tanto ou mais importante do que em outros contextos. A tendência ao mimetismo, alimentada pela dominação ideológica, substitui uma forma de imobilismo por outra.

6. Dependência num mundo unificado

Como desconhecer que os povos do planeta, praticamente sem exceção, estão hoje em dia empenhados em adquirir ou preservar o domínio desse fabuloso acervo de técnicas que emergiram no quadro da civilização industrial? E como não perceber que um grupo de países ocupa posição de vanguarda no processo de acumulação, vetor principal do avanço dessas técnicas? Essas duas indagações desnudam o cerne de uma realidade histórica a ter em conta em qualquer reflexão sobre o mundo contemporâneo.

Não obstante a diversidade de visões de mundo que produziu o pensamento utópico no século XIX — sob o impulso das profundas rupturas ocorridas nas estruturas sociais na primeira fase da civilização industrial —, o século XX tenderia a ser por excelência a era da uniformização das "necessidades" humanas. O que em certo momento foi visto como a eclosão de um novo projeto de civilização — a Revolução Russa — resultou ser apenas um conjunto de atalhos que permitiriam reduzir mais rapidamente o atraso na acumulação. Os seus líderes admitiram como evidente que a recuperação do tempo perdido seria tanto mais rápida quanto mais fiel fosse a cópia das técnicas que compunham o modelo comprovado; demais, o caminho mais curto requeria obter meios de pagamento internacional para, de uma ou outra forma, adquirir as técnicas ali onde estas se apresentassem disponíveis; o corolário era pagá-las com produtos primários ou outros produtos que incorporassem técnica mais simples, portanto inserir-se no sistema de divisão internacional do trabalho que opera a serviço dos que ocupam a vanguarda tecnológica. Preservou-se, assim, a unidade da civilização industrial, ainda que os processos de difusão desta tenham ganhado em diversidade. E graças a essa unidade, a racionalidade com respeito aos fins permaneceu apanágio dos países que se haviam colocado à frente no processo de acumulação. Essa situação engendra uma dependência cultural que afeta em graus diversos todas as economias nacionais empenhadas em reduzir a "brecha" que as separa das que lideram o processo de acumulação.

As relações estruturais que decorrem da unidade tecnológica da civilização industrial, e constituem a trama básica da dependência, devem ser observadas no quadro evolutivo dos países que exercem o poder de iniciativa na criatividade técnica. Ora, esses países conheceram marcantes transformações no correr da segunda metade do século XX. Os Estados nacionais, antes instâncias supremas — freqüentemente rivais — na coordenação das atividades econômicas, passaram a operar de forma crescentemente articulada. A progressiva integração dos mercados nacionais conduziria à homogeneização dos padrões de consumo e à concentração do poder econômico em escala plurinacional. Em função desse mercado global, orienta-se a atividade inovadora e avança o processo de acumulação. As economias de escala, que existiam em potencial, puderam ser mais amplamente realizadas, e a base de recursos naturais, particularmente na agricultura, pôde ser mais racionalmente explorada. A concorrência fundada nos preços (diferenciados pela proteção aduaneira) cedeu definitivamente lugar à competição baseada na inovação e na compartimentalização vertical dos mercados, cimentada pela propaganda.

Não vem ao caso referir em detalhe o complexo processo histórico que transmutou o capitalismo dos grandes sistemas nacionais competitivos nesse outro em que a inovação e a acumulação estão essencialmente sob o controle de grupos de empresas organizados transnacionalmente, os quais se imaginam portadores de critérios de racionalidade mais abrangentes do que aqueles em que se fundam as políticas nacionais. Certo: essa transformação não é estranha à forma como se concluíram os dois grandes conflitos bélicos da primeira metade do século XX, que produziram a enorme concentração de poder militar do mundo atual. A tutela militar exercida pelos Estados Unidos favoreceu o desmantelamento das estruturas coloniais e das barreiras nacionais à livre circulação de produtos e capitais, abrindo-se dessa forma amplos espaços à ação das grandes empresas americanas, já maduras técnica e financeiramente para estruturar-se em escala planetária.

Se observamos o conjunto das economias que constituem o centro do mundo capitalista, vemos que o traço marcante da evolução recente está no fortalecimento da posição das grandes empresas. Tanto dentro de cada país como no conjunto destes, a grande empresa exerce hoje funções bem mais amplas e complexas do que no passado. O próprio conceito de empresa já não se aplica aos conglomerados e grupos, que enfeixam o controle de dezenas de unidades operativas com considerável autonomia. Com efeito: a concentração do poder econômico intensificou-se graças à abertura dos grandes espaços ocorrida no período do pós-guerra. No que respeita aos Estados Unidos, onde a informação é sempre mais abundante, comprova-se que, entre 1950 e 1970, as quinhentas maiores empresas aumentaram sua participação no emprego, nos lucros e no capital das atividades manufatureiras e mineiras de 40 por cento para 70 por cento. Mais significativo ainda: a velocidade do processo de concentração foi duas vezes maior no decênio dos 60 do que no dos 50. Essa tendência geral, que se manifesta em cada país isoladamente, apresenta-se sob outra forma no plano internacional: se a grande empresa cresce mais rapidamente no plano nacional, é em parte porque está se expandindo no exterior. Em outras palavras, são as empresas que se transnacionalizam as que mais rapidamente aumentam sua participação nos respectivos mercados nacionais. As empresas que integram um grupo estruturado num espaço transnacional especializam-se em certos processos ou etapas produtivas, o que transforma uma transação internacional em simples operação interna do grupo. A expansão transnacional do grupo permite aprofundar a divisão do trabalho entre as suas partes e explorar mais a fundo as economias de escala e os efeitos de grupo.

A experiência dos últimos decênios pôs em evidência que o marco nacional, ao qual coube papel básico no desenvolvimento do capitalismo em fase anterior, transformara-se em obstáculo à plena utilização da tecnologia já disponível. Ao eliminar os entraves à ação das empresas no plano internacional, a tutela americana teria, portanto, que acelerar o processo de acumulação. Ora, uma das conseqüências dessa abertura de horizontes foi o rápido crescimento da produtividade fora dos Estados Unidos, sem o que não se teria produzido a homogeneização dos padrões de consumo no centro. O político e o econômico estiveram todo o tempo entrelaçados nesse processo de transformação de uma constelação de poderosos sistemas econômicos nacionais, que ocasionalmente se enfrentavam com feroz agressividade, em um espaço econômico em boa parte unificado, dentro do qual funções cada vez mais amplas de inovação e coordenação estão sendo exercidas por grupos tecnoburocráticos que controlam grandes massas de recursos financeiros. Sem a confrontação ideológica com a União Soviética, a tutela americana dificilmente ter-se-ia investido da quase legitimidade que a caracterizou. Por outro lado, a orientação assumida pela tecnologia nos Estados Unidos, sob a influência de sua vastidão territorial e da abundância de recursos naturais, constituía em si mesma uma opção para o sistema capitalista em seu conjunto. Certo: ninguém em sã consciência pode afirmar que o estilo assumido pela civilização industrial nos Estados Unidos seja imanente ao capitalismo, vale dizer, que a acumulação levaria necessariamente, em todos os países centrais, ao *american way of life*. Mas não há dúvida de que essa era a saída mais provável caso se desmantelassem as estruturas políticas que antes compartimentavam o mundo capitalista. As mudanças políticas que produziram a tutela dos Estados Unidos foram fundamentais, mas a rapidez assumida pelo processo não se explica sem ter em conta que a saída encontrada correspondia à utilização de um acervo tecnológico de validade comprovada.

Os reajustamentos internos, provocados nos países do centro pelas transformações globais a que vimos de fazer referência, são da maior importância, pois afetam forças sociais cujas relações definem o perfil da sociedade capitalista. Se deixamos de lado os Estados Unidos, que constituem obviamente caso à parte, nos demais países do centro é evidente o declínio da capacidade interna de regulação do sistema econômico. Os governos sempre dispõem de meios para injetar fatores depressivos na economia, mas os efeitos destes concentram-se no nível de emprego, sem afetar na forma desejada o conjunto das pressões inflacionárias. Maiores ainda são as limitações no que respeita a uma ação expansiva autônoma. Por outro lado, o crescimento econômico (necessário para absorver o desemprego) requer inserir-se mais e mais profundamente na economia internacional; se esta não estiver em expansão, também requer abrir espaço em detrimento de outros. Ocorre, entretanto, que as atividades econômicas internacionais se estruturam mais e mais no quadro de oligopólios, cujas regras de conduta não são facilmente afetadas por um Estado nacional. Aumentou a importância do comércio internacional como *motor de crescimento*, ao mesmo tempo que se reduzia a capacidade de iniciativa do Estado nesse setor.

De relevância igualmente considerável são as modificações que se vão introduzindo no processo de apropriação do excedente. Na evolução do capitalismo, as forças que comandam a distribuição da renda emergiram e consolidaram posições em torno da compra e venda dos distintos serviços que presta o homem como fator de produção. Em outras palavras: o mercado de trabalho, concebido de forma ampla, constituiu historicamente a arena em que emergiram e se enfrentaram as forças que modelaram a sociedade capitalista moderna. Ali onde não se reuniram as condições para que os trabalhadores e assalariados em geral assumissem o papel de força social autônoma e lutassem eficazmente para participar dos frutos da acumulação e do progresso técnico, pode-se dizer que o capitalismo abastardou-se e conduziu a formas disfarçadas de servidão. Ora, esses instrumentos *clássicos* da confrontação social, que conduziram à homogeneização de amplos segmentos da sociedade, parecem perder eficácia.

À medida que avança a divisão social do trabalho, que o sistema econômico ganha em complexidade e cresce o papel da criatividade no aumento do produto, o conceito corrente de produtividade do trabalho (que é microeconômico) perde nitidez: a natureza social do fenômeno da produtividade manifesta-se em sua plenitude. Para captar as modificações desta, faz-se necessário ter em conta não apenas a racionalidade dos meios, mas também a dos fins. Em outras palavras: para captar a influência do qualitativo na definição do nível do produto social não são suficientes as regras da agregação convencional. Nesse contexto, também se modificam as formas de apropriação do excedente. Dispor de um patrimônio, como um terreno com certa localização, pode ser poderoso instrumento para apropriar-se de parte do excedente gerado pela coletividade em certo período de tempo. A *valorização* de bens imóveis, de objetos de arte e muitos outros objetos cuja raridade foi artificialmente induzida passa a ser um poderoso instrumento de drenagem do excedente social. Um pintor antes desconhecido e que é promovido a celebridade verá seus quadros subirem consideravelmente de valor de troca. Em síntese: quanto mais avança a acumulação e mais diversificado se faz o produto final, mais difícil é traduzir o produto social em componentes que podem ser referidos ao conceito de produtividade física do trabalho. A manipulação dos valores finais pelos grupos que mantêm o monopólio de certas formas de criatividade, ou simplesmente a propaganda comercial e/ou o controle patrimonial, pesa de forma crescente no processo de apropriação do excedente. Dessa forma modifica-se a arena na qual operam as forças tradicionalmente responsáveis pela distribuição da renda.

O sistema de crédito tende a reforçar a tendência referida no parágrafo anterior, pois opera principalmente com base em garantias patrimoniais, ainda que estas permaneçam como simples virtualidade. Ao constituir-se a inflação em traço permanente das economias capitalistas, ter acesso à posição de devedor transformou-se em privilégio que assegura um prêmio na luta pela captação do excedente. A engrenagem patrimônio-crédito-incremento do patrimônio transformou-se, nos países com inflação crônica, em poderoso instrumento de captação do excedente e concentração da riqueza. Explica-se, assim, que o coeficiente de Gini, aplicado à distribuição da riqueza, seja num país como a França tão alto como quando aplicado à distribuição da renda em um país como o Brasil, que mantém a esse respeito um quase recorde mundial. Mais ainda: da mesma forma que no Brasil a concentração da renda aumentou ao intensificar-se a acumulação, na França em circunstâncias idênticas a riqueza concentrou-se. Por último, assim como a concentração da renda foi suficientemente forte no Brasil para que a parte mais pobre da população praticamente não recebesse qualquer benefício, na França o forte incremento da riqueza nacional somente beneficiou titulares de patrimônios grandes e médios.

A relação de forças entre grupos e classes sociais que emergiu nas economias centrais e, a partir dos últimos decênios do século XIX, anulou as tendências inerentes ao sistema capitalista para a concentração da renda não conduz aos mesmos resultados em face das modificações que estão ocorrendo no processo de apropriação do excedente. Sob a influência dos grupos que exercem tutela cultural, canalizam-se as preferências para as formas invisíveis de renda ligadas à posse de determinadas riquezas. A manipulação dos bens e serviços "raros" permite introduzir fortes discriminações nos preços, dando origem a um poderoso instrumento de captação de excedente. Os preços relativos que emergem dessa nova constelação de forças constituem a base para a medição da produtividade do trabalho nos setores de produção de bens e serviços de uso geral, onde se concentra a massa trabalhadora. A luta pela elevação dos salários reais nestes setores gera pressão inflacionária, se pretende ir mais longe do que corresponde às elevações de produtividade medidas com base nos preços relativos. Ora, sobre estes pesam os grupos que têm a iniciativa da inovação e estão em condições de manipular a racionalidade dos fins.

As mudanças estruturais que vimos de assinalar podem ser resumidas em dois pontos: perda de eficácia das formas tradicionais de luta das classes assalariadas e declínio do Estado como centro impulsor e regulador do sistema econômico. A luta dos trabalhadores no âmbito dos mercados de mão-de-obra já não constitui uma barreira efetiva em face das forças que pressionam no sentido das desigualdades sociais. A experiência histórica demonstrou que é mais importante para a classe trabalhadora ter acesso a centros de decisão política — ainda que de forma parcial e sob a cobertura de alianças de classes — do que explorar cabalmente as possibilidades de confrontação de classe e de pressão organizada nos mercados de trabalho. O avanço pelo caminho da socialdemocracia, a exemplo do praticado na Suécia e na Inglaterra, resultou ser mais frutífero em termos de redução das desigualdades sociais do que a sistemática confrontação ideológica na linha leninista, a exemplo do ocorrido na França. Controlar o Estado, mesmo quando este permaneça no essencial um reflexo das estruturas sociais engendradas sob a hegemonia burguesa, é condição necessária para levar a luta a outros planos e poder enfrentar as novas forças concentradoras de riqueza que se manifestam na fase mais avançada da acumulação. O que se veio a chamar de eurocomunismo não é outra coisa senão o reconhecimento dessa necessidade de romper os limites estreitos em que haviam sido confinadas as massas organizadas de certos países.

A luta pelo controle do Estado, em que se empenharam desde meados do século XX as massas assalariadas dos países centrais, alcança a sua culminância em época em que se estreita o campo de ação desse mesmo Estado. A inusitada expansão das atividades do Estado no campo dos serviços infra-estruturais e assistenciais vai paralela a uma redução de sua capacidade impulsora e reguladora do conjunto das atividades econômicas. A hipertrofia do mercado financeiro internacional não é senão uma indicação de que as grandes empresas mantêm fora do controle dos Estados nacionais grande parte de seus recursos líquidos; e o endividamento dessas empresas nesse mercado revela a preocupação que têm de subtrair aos governos dos países em que estão sediadas grande parte das aplicações que realizam no exterior. Como as atividades do grupo de empresas no exterior formam um todo coerente com as que mantém no próprio país, a liberdade de ação que ele obtém no exterior amplia o seu campo de manobra internamente. A experiência da Inglaterra é a esse respeito exemplar. A influência crescente que logrou a classe assalariada sobre o Estado produziu uma avançada legislação fiscal que deveria frear a tendência à concentração da riqueza e criar para as massas populares um salário invisível sob a forma de assistência e previdência social. Ocorre, entretanto, que o enfraquecimento da capacidade do Estado para impulsar e regular o sistema econômico tenderia a neutralizar grande parte dos efeitos da referida política. As grandes firmas inglesas deram preferência a seus investimentos fora do país e passaram para o controle de grupos dirigidos do exterior parcela crescente das atividades ligadas ao mercado interno. O ritmo da acumulação reduziu-se, comparativamente aos países que competem com a Inglaterra, o que engendrou uma forte propensão ao desequilíbrio na balança de pagamentos. A exploração do petróleo no mar do Norte abriu um parêntese nesse processo, mas não altera os dados fundamentais do problema.

Quiçá por causa das novas antinomias que estão emergindo, os países capitalistas centrais constituem presentemente uma das áreas do planeta em que mais intensa é a atividade política. De maneira geral, neles se reconhece como inevitável a marcha para a internacionalização de grande parte das decisões de impulsão e regulação econômica no nível mais alto. Contudo, resta aclarar se a ampliação das bases de representação dos Estados nacionais — um controle efetivo destes pelas massas assalariadas — far-se-á com tempo para influir nesse processo. Se assim for, as novas estruturas supranacionais terão certamente uma conotação político-social, e uma de suas principais funções muito provavelmente será o controle das empresas transnacionais. Caso contrário, os novos centros de coordenação e impulsão serão de natureza essencialmente tecnocrática e virão reforçar as estruturas que atualmente operam no sentido de aumentar as desigualdades sociais.

A criatividade técnica nos países capitalistas que exercem a liderança da civilização industrial orienta-se fundamentalmente em duas direções: *a*) a da eliminação dos obstáculos que se apresentam à reprodução das estruturas sociais internas; e *b*) a da confrontação com os países de economia centralmente planificada, particularmente a União Soviética. Esta última fonte de estímulo à invenção técnica, de importância crescente, introduz um elemento de irracionalidade com respeito aos fins que penetra em todos os interstícios da civilização industrial. Toda reflexão sobre o futuro desta e toda esperança de que floresça uma nova síntese valorativa, que prevaleça sobre a lógica dos meios, estão bloqueadas pela subordinação da criatividade a esse vetor de direção desconhecida. À parte esse problema que se sobrepõe a todos os demais, múltiplas são as conseqüências dessa subordinação da criatividade técnica à concorrência pela hegemonia política planetária.

A carreira armamentista tem permitido aos Estados Unidos financiar, sem sobrecarregar financeiramente as empresas, vultosos gastos em "pesquisa e desenvolvimento", o que conduziu a um aumento substancial e permanente da participação dessa forma invisível de acumulação na utilização final do excedente. Introduziu-se, assim, uma modificação estrutural na economia americana, graças à qual ela se habilitou para exercer mais eficazmente a liderança tecnológica da civilização industrial. Sobra acrescentar que essa mudança de estrutura transformou os gastos militares num elemento essencial do sistema econômico.

Alimentando-se de capacidade criadora e levando à produção dos instrumentos mais sofisticados que haja concebido o homem, ao mesmo tempo que precipita a obsolescência de imensos parques de material, a carreira armamentista implica formidável drenagem de recursos, inclusive dos mais raros de que dispõem as economias tecnologicamente mais avançadas. Contudo, no que respeita aos Estados Unidos, essa pressão sobre os recursos tem dois aspectos positivos, do ponto de vista da lógica do sistema econômico: introduz um elemento de estabilidade em um dos segmentos mais sensíveis da demanda e reduz os custos da inovação técnica para as empresas, aumentando sua capacidade competitiva no exterior. A situação é distinta na União Soviética, que não tem problemas de instabilidade criados por insuficiência de demanda efetiva e tampouco está em condições de tirar proveito comercial, no plano internacional, de uma posição de liderança tecnológica quando não seja mediante a venda direta de armamentos. Com efeito: a aceleração do avanço da técnica sob a égide do armamentismo conduziu na União Soviética a uma deformação no desenvolvimento das forças produtivas que se traduziria em dependência tecnológica em múltiplos setores e precipitaria a subordinação à lógica da civilização industrial engendrada pela revolução burguesa.

Tanto as tensões criadas no processo de reprodução das estruturas sociais inigualitárias como a influência do armamentismo na tecnologia engendram nas economias centrais pressões no sentido de abertura de novos espaços, particularmente na direção das áreas periféricas. A expansão externa neste caso visa a dois propósitos principais: abrir caminhos de acesso a fontes de recursos não renováveis e incorporar indiretamente ao sistema mão-de-obra barata. A pressão na fronteira ecológica interna — agravada pela intensa acumulação — causa elevação dos custos de produção, portanto acrescenta obstáculos ao processo de reprodução das estruturas sociais. A forma mais fácil de aliviar essa pressão é ampliar o espaço, integrando no sistema fontes alienígenas de recursos naturais, particularmente os não reprodutíveis. Contudo, os efeitos dessa incorporação indireta de recursos naturais têm limites. A partir de certo ponto, a acumulação interna gera pressões que afetam a eficácia do sistema de dominação social, as quais nem sempre são contornáveis mediante soluções proporcionadas pela técnica. A importação de mão-de-obra *expatriada* tem constituído um meio, ainda que precário, de fazer face a esse problema. Parece fora de dúvida, entretanto, que a longo prazo a reprodução das estruturas sociais dos países centrais estará na dependência da incorporação indireta de mão-de-obra barata, o que já se vai obtendo mediante a organização da produção em espaços transnacionais. Esta a razão última que faz da expansão na direção das áreas periféricas uma condição necessária à estabilidade social nos países centrais.

O comportamento da economia suíça é a este respeito de perfeita exemplaridade. Em face da rigidez da oferta de mão-de-obra — a capacidade de absorção de expatriados se considera saturada — o crescimento das instalações produtivas das empresas realiza-se essencialmente no exterior. Em realidade, pelo menos três quartas partes do faturamento de todas as grandes empresas desse país decorrem de operações efetuadas extramuros. Os custos de produção são calculados, qualquer que seja a localização da atividade industrial, de forma a comportar uma margem destinada a financiar os gastos de pesquisa e desenvolvimento que permitem às empresas suíças manter-se na vanguarda tecnológica. As atividades de pesquisa e desenvolvimento concentram-se evidentemente na confederação, mas mesmo quando se realizam fora do país são capitalizadas pela empresa matriz. O controle da técnica permite incorporar indiretamente à economia suíça uma mão-de-obra abundante e barata localizada no exterior, e assim evitar as tensões sociais que certamente emergiriam, caso se intensificasse a acumulação convencional dentro do país.

Se pouca dúvida pode haver de que as projeções sociais da rápida acumulação ocorrida nos países centrais desde meados do século XX contribuíram de forma decisiva para intensificar a difusão planetária da civilização industrial, a ação de outros fatores nesse mesmo sentido não deve ser subestimada. É o caso, por exemplo, do desmantelamento das estruturas de dominação colonial, ligado à ascensão dos Estados Unidos como potência tutelar, à integração crescente dos mercados internos dos países centrais, ao empenho das empresas transnacionais de escapar ao controle dos Estados nacionais, enfim à necessidade de liquidar sistemas anacrônicos de dominação social que sobreviviam à sombra do regime colonial. No caso de maior relevância, que foi a Índia, fatores endógenos foram de longe os mais ponderáveis. O efeito de demonstração que daí irradiou acelerou um processo histórico que se cumpriria de uma ou outra forma. A necessidade de criar infra-estruturas modernas que viabilizassem grandes investimentos na exploração de recursos naturais exigia apoio financeiro internacional sob a supervisão de agências especializadas, como o Banco Mundial. Isso era incompatível com os estreitos sistemas de privilégios dentro dos quais sobreviviam as empresas das potências colonialistas. Ante as pressões externas mais ou menos abertas e as internas em muitos casos ainda potenciais, os governos dos países colonialistas anteciparam-se, ansiosos de preservar áreas de influência e de evitar rupturas maiores nos sistemas locais de dominação social. De maneira geral, quanto mais rápida foi a retirada do poder colonial ostensivo, menores foram as modificações nas estruturas internas de dominação.

Uma vez lançadas as bases do novo Estado nacional, os conflitos passam a girar em torno do caminho a utilizar para acelerar o passo na direção da civilização industrial, o que coloca o problema da escolha de aliados e/ou protetores no exterior, dos quais se espera ajuda para acelerar a acumulação. Tanto nos casos em que foram preservadas as estruturas de dominação social forjadas sob o colonialismo, como naqueles em que estas foram desmanteladas e emergiram estruturas de poder tecnoburocráticas (quase sempre de natureza corporativo-militar), as funções do novo Estado evoluíram na mesma direção: instrumentar a sociedade para dotar-se dos requisitos materiais e mentais requeridos para acelerar a acumulação e assim abrir o caminho de mais rápido acesso às formas de vida criadas pela civilização industrial. O caso da Coréia do Norte é certamente exemplar: nesse país tudo foi posto a serviço da modernização fundada na industrialização. A população foi amestrada com extraordinário êxito para funcionar como uma espécie de orquestra sinfônica, cabendo a cada indivíduo um papel prescrito em minuciosa partitura. Os resultados materiais obtidos foram sem dúvida espetaculares. Mas, como a técnica incorporada nos setores mais complexos é adquirida no exterior, e as possibilidades de inserir-se nos mercados internacionais (fora da exportação de produtos primários) são limitadas e submetidas a condições ditadas pelas firmas que dispõem de redes comerciais transnacionais, o sistema econômico vive sob permanente ameaça de obsolescência. As dificuldades que enfrenta esse país, há alguns anos, para pagar os créditos externos (provenientes dos países capitalistas centrais) com que financiou em parte sua rápida industrialização vêm confirmar que não basta que o Estado imponha uma estrita disciplina social e uma rigorosa planificação centralizada para eliminar a dependência tecnológica.

O caso corrente apresenta-se de forma diversa: a intensificação da acumulação e a modernização fundam-se na cooperação direta com as empresas transnacionais, a partir da exportação de recursos não renováveis, ou com base na exploração da mão-de-obra local. Isso não impede que o Estado funde a sua legitimidade em uma doutrina do "interesse nacional", que se alimenta de denúncias contra as empresas alienígenas que cooperam no processo de modernização do país. O clima de hostilidade (real ou aparente) em que tem lugar essa cooperação reforça a posição das tecnoburocracias em suas negociações com essas empresas e contribui para cristalizar uma consciência nacional ali onde o horizonte da percepção política é principalmente local ou tribal. A ação das tecnoburocracias é mediatizada por outras estruturas de poder de base tribal, ou religiosa, ou patrimonial. Contudo, a rápida modernização de corporações militares que são tanto mais disponíveis quanto mais carentes de tradição e a constituição de estamentos burocráticos superiores constituídos de elementos com treinamento no exterior imprimiram uma crescente autonomia às estruturas tecnoburocráticas, que freqüentemente são o único cimento da unidade nacional face às rivalidades regionais ou tribais. O novo Estado desempenha, assim, papel decisivo na formação da consciência nacional; papel tanto mais eficaz quanto maior é o êxito na difusão dos valores da civilização industrial.

Seria erro subestimar a margem de manobra das tecnoburocracias que controlam grande parte dos novos Estados periféricos, mesmo quando elas não emanam diretamente de estruturas tradicionais de poder. Não se trata do tipo clássico de burocracia weberiana: instrumento ou aliado de um poder com fontes próprias de legitimação. A estrutura tecnoburocrática do novo Estado, mesmo quando está ligada a estamentos tradicionais, assume um papel hegemônico graças às funções que exerce nas relações exteriores e principalmente na confrontação com as empresas transnacionais. Porque têm acesso a certas fontes de informação e dominam certas técnicas de comunicação, os elementos que constituem o estamento tecnoburocático dispõem de meios para descobrir as oportunidades de cooperação externa, única maneira de modificar em benefício próprio a relação de forças face às grandes empresas de que dependem os respectivos países para modernizar-se. A confrontação com estas, em torno à apropriação do excedente gerado pela exploração de recursos locais, transforma-se com freqüência no ponto focal da vida política. Porque goza dessa autonomia, o poder técnico-burocrático tem em certos casos enveredado pelo caminho das reformas de estrutura, quase sempre objetivando acelerar o processo de modernização. O nasserismo dos anos 50 e o velasquismo peruano dos 60 são exemplos notáveis de processos de reconstrução de estruturas sociais empreendidos por líderes que manipulavam tecnoburocracias. Esse trabalho de reconstrução, empreendido de cima para baixo, só excepcionalmente penetra na consciência das populações que dele se beneficiam. Daí o clima de passividade social que acompanha muitas dessas reformas e a facilidade com que em muitos casos são anuladas ou neutralizadas. Quando são aprofundadas e conduzem à destruição das formas tradicionais de dominação social, aumentam consideravelmente o poder da tecnoburocracia, que passa a exercer tutela direta sobre a população.

A experiência revolucionária da República Popular da China carece, evidentemente, de exemplaridade, posto que essa gigantesca nação é *sui generis* sob múltiplos e fundamentais aspectos. Mas, qualquer que seja a direção que tome, o processo de reconstrução social aí em curso terá projeções planetárias. Pela primeira vez foi submetido a uma crítica em profundidade todo o universo de valores que emergiram da revolução burguesa, e se tentou, na prática social, uma opção global à civilização industrial.

Quando, no século XVII, a revolução burguesa atacou de frente a concepção hierárquica do mundo, fundada no aristotelismo medieval, os seus pensadores de vanguarda passaram por cima da classe letrada dos clérigos e dos universitários, dirigindo-se em vernáculo ao homem comum, carente de *cultura* mas dotado de *razão*, pensavam eles. Na China foram fechadas as universidades por vários anos e silenciados os clérigos das estruturas burocráticas que penetram em todos os interstícios da vida social. E encorajou-se o povo — concebido principalmente como os grupos estáveis em que a comunicação entre os indivíduos é direta — a assumir a iniciativa crítica e operativa. O único parâmetro estável seriam os ensinamentos de Mao: aprofundar as contradições e somente aceitar as soluções que brotassem do esvaziamento e superação destas; confiar no gênio criador do povo; denunciar todas as formas de reconstituição das estruturas de classe.

A Revolução Cultural chinesa inspirou-se num princípio diametralmente oposto ao que fundamentou a experiência soviética: a destruição sistemática da superestrutura e sua reconstrução a partir de outra racionalidade dos fins devem preceder à construção de uma nova infra-estrutura material. Em realidade, os conceitos de *infra* e *super*estrutura, pilares do marxismo ortodoxo, são subvertidos. Como ignorar que na reprodução de toda formação social têm importância fundamental o sistema familiar, a divisão do trabalho entre sexos, entre gerações, os elementos da herança cultural incorporados à estrutura mental, que prevalecem sobre a situação de classe? Demais da propriedade dos bens de produção, tem importância a forma como está organizada a atividade econômica, ou seja, as estruturas surgidas da divisão do trabalho. Se se mantém um sistema hierárquico — à semelhança das corporações militares — com estrita identificação de tarefas individuais, criam-se necessariamente situações de dependência alienantes. Privilegiando os que exercem tarefas de supervisão e mando, e nobilitando as posições hierárquicas mais elevadas, engendra-se um sistema que conduz inelutavelmente aos incentivos materiais, mola mestra da sociedade competitiva. Por outro lado, se se confia à família reduzida amplas funções no processo de reprodução da sociedade, estão lançadas as bases da desigualdade entre os sexos, qualificando-se o homem para ocupar as posições de mando. Tudo isso conduz a uma nítida linha demarcartória entre o pessoal e o coletivo, e à introjeção na estrutura mental dessa dicotomia, cimento da sociedade competitiva. A promessa utópica da Revolução Cultural visou a um objetivo inequívoco: desencavar e demolir os mecanismos profundos da reprodução social. Mediante mudanças irreversíveis nesse plano, se deslocaria a estrutura do edifício social e seriam lançadas as bases de uma autêntica sociedade coletivista. Compreende-se, por conseguinte, que os maiores esforços hajam convergido para modificar a organização do trabalho dentro das fábricas e para desprivatizar o mais possível o espaço em que se move o indivíduo, particularmente os membros da nova geração. Foram eliminadas todas as formas de controle individual do trabalho, e a quase todas as tarefas foi emprestado um caráter de realização coletiva.

Na fase presente do processo de difusão da civilização industrial, a China é aparentemente o único país que reúne as condições necessárias para tentar uma via autônoma e escapar ao processo de homogeneização cultural a que parecem tender inexoravelmente todas as sociedades contemporâneas. Também há razões para crer que, fora da tentativa de via autônoma, esse país corre o risco de enveredar pelo caminho da dependência e ser conduzido a crises intermitentes de instabilidade. Em razão da massa demográfica e do baixo nível de acumulação que o caracteriza, uma tentativa de transplante maciço da civilização industrial conduziria a resultados imprevisíveis no plano social. Por exemplo: uma política de modernização do sistema de defesa, com pretensões a alcançar o nível de sofisticação das superpotências, drenaria grande parte do potencial de acumulação do país e produziria distorções ainda mais graves do que as que se manifestam na União Soviética. O compromisso adotado no passado — combinar um pequeno arsenal baseado no controle de tecnologia de vanguarda com a mobilização da massa da população para tarefas de defesa principalmente local — revela uma clara consciência desse problema. O mesmo raciocínio é válido com respeito a muitos outros aspectos da vida social. Modernizar as áreas urbanas conduziria à agravação das disparidades de níveis de vida entre cidade e campo, o que se traduziria em crescentes desigualdades regionais. Como não compreender que o alto custo em recursos não reprodutíveis, que caracteriza a civilização industrial na sua forma atual, torna-a inviável numa China que persegue objetivos de igualdade social? A adoção sistemática da planificação centralizada, com sua inevitável concentração de decisões nas estruturas burocráticas, não poderia deixar de traduzir-se em custos sociais ainda bem mais altos do que os que se conhecem na União Soviética. O elitismo que está na essência da civilização industrial — mesmo nos países mais ricos ela engendra fortes desigualdades sociais — impõe enormes restrições à sua implantação na China, se se pretende evitar que a sociedade chinesa assuma as formas de estratificação social que são características do subdesenvolvimento. Compreende-se, por conseguinte, que muitos dirigentes chineses hajam expressado o propósito, de inspiração utópica mas não destituído de sentido prático, de abrir um novo caminho. As resistências que surgem, e repõem o país nos trilhos da acumulação a serviço do transplante da civilização industrial, explicam o caráter pendular da história chinesa contemporânea.

Não tem sentido isolar do quadro da história da China e do contexto de sua complexa cultura a experiência revolucionária em curso nesse país. Contudo, certas invariâncias dessa experiência permitem divisar quatro linhas de força. Em primeiro lugar está a influência (essencialmente filosófica) de Marx, que se manifesta na percepção dialética da prática social: a busca incessante das "contradições" como estímulo à criatividade social. Enquanto na União Soviética a principal leitura de Marx referiu-se à sua crítica da economia capitalista e conduziu a uma visão positivista do processo social, na China frutificou de preferência o lado mais autenticamente hegeliano.

A segunda linha de força entronca com a prática soviética de controle social e direção das atividades econômicas: o partido único como sistema político e a planificação centralizada das atividades econômicas. Esses dois vetores conjugados conduzem ao "centralismo democrático" com a hierarquização da sociedade, que reproduz em todas as dimensões a rigidez do sistema econômico. Essas práticas sociais floresceram rapidamente numa cultura profundamente embebida de tradição de centralismo estatal e de hermetismo mandarinal. Explica-se, assim, que a luta para superar as estruturas culturais tradicionais se haja finalmente confundido com a denúncia do modelo soviético de socialismo. Mas não se pode ignorar que tais práticas estão na base da rápida reconstrução do Estado chinês e da amplitude alcançada pelo sistema centralizado de controle social.

A terceira linha de força refere-se ao que se convencionou chamar "pensamento Mao Tsé-tung", que operou como fonte da racionalidade dos fins no processo revolucionário. À diferença do pensamento de Lênin, que é essencialmente operativo e se expressa num discurso analítico — portanto passível de contestação a partir de suas próprias premissas —, o de Mao é sintético e se expressa num discurso poético. Em um sentido profundo ele é da mesma natureza do pensamento de Confúcio, ou de outro grande criador de visões globais do homem e da história. Enquanto o pensamento utópico socialista no Ocidente tem suas raízes no humanismo — coloca o indivíduo no centro da história e parte da idéia de razão como atributo inalienável do indivíduo com um destino autônomo —, no pensamento de Mao não cabe o conceito de indivíduo: ele aponta para uma criatividade social com a qual se identifica cada membro da coletividade, e só por essa forma as potencialidades do indivíduo se realizam. O traço comum com o utopismo ocidental — e é nesse sentido que se pode afirmar que Mao se inclui entre os herdeiros do Iluminismo do século XVIII — está na transmissão de uma mensagem profundamente otimista fundada na idéia de *desenvolvimento* das potencialidades do todo social.

A quarta linha de força reside no voluntarismo, que se alimentou do carisma de Mao. A serviço do pensamento de Mao, esse voluntarismo pôs em xeque de forma intermitente as pesadas estruturas de controle que tendem a sufocar a sociedade e a gerar a estratificação social. Com o desaparecimento do "grande timoneiro", coloca-se o problema da transmissão desse carisma, sem o que o voluntarismo, que assegura a coerência de direção do sistema, poderá perder muito de sua eficácia. Contudo, é pouco provável que o pensamento de Mao, cujo centro de gravidade é a prática da contradição, venha a ser transformado num evolucionismo positivista (para utilizar a expressão de Louis Althusser), à semelhança do ocorrido na União Soviética com o pensamento marxista-leninista. Os movimentos pendulares continuarão, muito provavelmente, a marcar a história da China, e os sismos sociais que aí ocorrerem não deixarão de repercutir em outras áreas do planeta. Rompendo com a tradição do marxismo ortodoxo, Mao afirma que "a luta dos contrários está presente em todo processo de desenvolvimento, é incondicionada, absoluta". Portanto ela continuará a mover a história, quaisquer que sejam as formas que assumam as sociedades.

Se pomos de lado a China, nenhum outro país de acumulação retardada reúne as condições mínimas para escapar ao campo gravitacional da civilização industrial. Os demais são por definição *periféricos*: se auto-identificam em função das relações que de bom ou mau grado mantêm com o centro do sistema capitalista, ou com a União Soviética, ou porque aspiram a manter uma eqüidistância dos dois pólos de atração. Aqueles que pretendem isolar-se na ilusão de encontrar uma "via autônoma" — o exemplo ilustrativo é a Birmânia, onde desde o começo dos anos 60 uma estrutura tecnoburocrática de desenho militar proclama esse propósito e funda sua legitimidade na luta contra o tribalismo e o regionalismo — dificilmente alcançam os níveis mínimos de eficiência econômica requeridos para sobreviver, e são corroídos pelo contrabando e múltiplas formas de mercados paralelos. Outros, que aplicam com êxito as técnicas soviéticas do controle social e da planificação centralizada, caso referido da Coréia do Norte, devem enfrentar uma dependência tecnológica que não pode deixar de trazer conseqüências políticas. Ainda outros, que têm menos êxito na aplicação dessas técnicas, como tem sido o caso de Cuba, à dependência tecnológica adicionam a financeira, sem o que dificilmente poderiam preservar os ganhos no plano da reconstrução social interna. Em síntese: nas condições históricas presentes, para um país de acumulação retardada, romper as amarras externas e/ou submeter as atividades econômicas a uma direção centralizada não são condições suficientes (qualquer que seja a ideologia dos que controlam o Estado) para abrir um "caminho autônomo" de desenvolvimento. As transformações estruturais realizadas sob a bandeira do socialismo em países periféricos têm permitido reduzir as desigualdades sociais, mas nem sempre repercutem positivamente no processo de acumulação. Na medida em que se persegue o objetivo de reproduzir os valores materiais da civilização industrial, persistem as relações de dependência, que terão de assumir novas formas se as relações externas são com um país onde as transferências financeiras e a tecnologia estão sob estrito controle do Estado.

Posto que a tecnologia da civilização industrial está em permanente progresso e o vetor desse progresso é a acumulação, todo atraso relativo na acumulação traduz-se em aumento do custo das técnicas importadas em termos de unidades de mão-de-obra do país que as importa. A dependência deve ser percebida inicialmente como um conjunto de traços estruturais que emergem da história: a forma de inserção no sistema de divisão internacional do trabalho gerando um atraso relativo no desenvolvimento das forças produtivas; a industrialização supeditada pela modernização reforçando as tendências à concentração da renda; a necessidade de importar certas técnicas facilitando o controle das atividades econômicas pelas empresas transnacionais. Somente numa segunda leitura é que a dependência deve ser entendida como uma posição fraca ou subordinada nas confrontações que conduzem à fixação dos preços internacionais e, por último, determinam a apropriação do excedente gerado pela divisão internacional do trabalho.

A acumulação, que possibilita a elevação do nível técnico, constitui via de regra uma condição necessária para reduzir a dependência, mas está longe de ser condição suficiente. Se essa acumulação ocorre no quadro de empresas que são partes de grupos transnacionais, não é difícil perceber que ela introduz novos elementos de rigidez típicos da dependência. Tampouco o controle da direção das empresas constitui causa suficiente para eliminar a dependência, pois ele pode limitar-se às atividades da empresa dentro do país: uma coisa é controlar uma empresa produtora de cobre, outra é poder influir na formação do preço desse produto no mercado internacional. Mesmo no caso das empresas que trabalham apenas para o mercado interno, sua margem de manobra pode ser estreita, se a tecnologia é obtida no exterior. Ter acesso a uma tecnologia mediante uma licença é algo totalmente distinto se o usuário depende dessa licença para sobreviver e nenhum meio de pressão tem sobre o licenciador, ou se dispõe de opções próprias e/ou o licenciador é usuário de tecnologia que ele mesmo licencia. O controle de empresas que dependem para sobreviver de redes comerciais e de tecnologia de outras, sobre as quais nenhuma ou quase nenhuma pressão ela pode exercer, não modifica por si mesmo o quadro da dependência.

Se observamos a civilização industrial como um processo apoiado na acumulação, constatamos que todos os subsistemas que a constituem — unidades regionais com graus distintos de autonomia política — se auto-identificam comparativamente aos demais. A posição relativa de cada um reflete, de uma ou outra forma, o nível alcançado pela acumulação nas forças produtivas e a autonomia tecnológica. De ordinário existe uma elevada correlação entre essas duas variáveis: nível de acumulação e autonomia tecnológica. A exceção principal corresponde aos países que exploram intensivamente recursos não renováveis: neste caso a acumulação pode alcançar níveis elevados no quadro de uma total dependência tecnológica. A dimensão territorial e demográfica — a China é o exemplo conspícuo — também modifica a correlação: a autonomia tecnológica, ainda que circunscrita, pode ser alcançada num nível baixo de acumulação. As disparidades nos níveis de acumulação — em geral vistas do ângulo dos países em que esse nível é relativamente baixo como uma situação de *atraso* — refletem a conformação global do sistema. Em outras palavras: o nível alcançado pela acumulação (nas forças produtivas) em determinado subsistema não é independente da posição deste no todo. Um país (ou região) especializado em pecuária extensiva, ou na produção de café, manter-se-á num nível baixo de acumulação (nas forças produtivas) independentemente do nível de renda alcançado por sua população. Nesses casos a acumulação realizada fora das forças produtivas (em habitações, bens duráveis, infra-estrutura urbana e itens similares) pode alcançar considerável importância relativa.

A exploração — sob controle, ainda que parcial, interno — de um recurso não reprodutível de grande valor econômico abre um horizonte de opções na luta contra a dependência, mas não assegura a sua superação. Vamos admitir que o petróleo atualmente exportado pelo Irã seja habilmente utilizado para financiar a industrialização do país, e que este venha a dotar-se de um parque industrial com capacidade competitiva internacional. (Essa competitividade pode limitar-se a certos setores em que também existem outras vantagens relativas, como a petroquímica, os adubos químicos etc.) Uma vez esgotado o maná de divisas produzidas pela exportação de petróleo, se colocará o problema da reprodução do novo sistema industrial de forma a manter sua posição competitiva internacional, o que implica conservar a posição relativa em face dos que lideram o avanço da técnica nos setores em questão. Se estiver em condições de assegurar essa reprodução com tecnologia própria, ou com técnica adquirida por meio da exportação de outras técnicas, terá o Irã dado o salto que separa a dependência da interdependência. Do contrário, a associação com empresas transnacionais que assegurem o acesso à tecnologia (e aos mercados) será inevitável. O preço da técnica importada tenderá a crescer relativamente ao da mão-de-obra local, mantendo-se o país no quadro da dependência.

O caso limite que vimos de considerar — um país periférico que reúne as condições para anular o atraso na acumulação e instalar, sob controle interno, um parque industrial internacionalmente competitivo — nos ajuda a compreender que a luta contra a dependência está em avançar pela via das relações internacionais (e conseguir alterá-las qualitativamente) e não em recuar e isolar-se. Para a quase totalidade dos países periféricos, já não existe a possibilidade de eludir o campo gravitacional da civilização industrial; portanto, é no quadro desta que se dará a luta contra a dependência. A Revolução Cultural chinesa — única tentativa historicamente significativa para escapar a esse campo gravitacional — constitui um capítulo à parte na história contemporânea. Poderá passar por mau profeta quem se atrever a afirmar que esse capítulo está encerrado. Mas se for este o caso e a China tender a estabilizar sua órbita no campo gravitacional da civilização industrial, ela necessariamente perderá grande parte de sua relevância. Suas relações econômicas internacionais são hoje de reduzida monta e por muito tempo estarão dominadas pelo empenho de abrir a porta de acesso à tecnologia dos países capitalistas centrais.

Se admitimos que o isolamento não é solução, o objetivo estratégico passa a ser minimizar o custo da dependência e explorar todos os caminhos que conduzem à substituição desta pela interdependência. Deixando de lado os circunlóquios: trata-se de modificar as relações de forças que são o substrato da ordem econômica internacional. A luta contra a dependência passa, portanto, por um esforço para modificar a conformação global do sistema. Que se esteja atualmente discutindo essa questão — mais precisamente: que a conformação global do sistema haja sido questionada — é clara indicação de que a relação de forças se está modificando a favor dos países dependentes. Certo: em grande parte dos países periféricos, as relações externas de dependência estão introjetadas nas estruturas de dominação social. Mas, conforme já observamos, isso não impede a emergência de estruturas de poder tecnoburocrático capazes de explorar a nova situação que se está formando. Demais, a evolução se apresenta inicialmente como sendo exterior a cada país considerado isoladamente, e é principalmente explorada por alguns dos países que reúnem as condições internas para fazê-lo. A iniciativa que assumem estes países em situações concretas ativa a evolução global e repercute favoravelmente em outros.

As forças subjacentes às relações econômicas internacionais se transformaram em um tecido de tal maneira complexo que já não é fácil distinguir nelas o que é importante do que é secundário. Os preços internacionais adquiriram extraordinária sensibilidade, em razão da massa de informações manipuladas e da importância que podem ter pequenos avanços na captação de informações. Graças aos meios de que dispõem em escala planetária, as grandes empresas (e particularmente os grandes grupos financeiros) podem atuar coordenadamente numa multiplicidade de áreas e monopolizar o poder de iniciativa. Para fazer face a essa situação, os Estados da periferia se aparelham de sistemas bancários e empresas de comercialização, tentando organizar a oferta de certos produtos e exercer pressão nos mercados. Contudo, por trás desses "jogos", em que se especializam os novos *managers* e tecnoburocratas, estão os recursos reais de poder em que se apóia a ação a longo prazo. É nestes que devemos nos fixar se desejamos conhecer as possibilidadcs de alteração nas relações de forças que comandam a economia internacional.

Dentre os recursos de poder em que assenta a chamada ordem econômica internacional, têm particular relevância: *a*) o controle da tecnologia; *b*) o controle das finanças; *c*) o controle dos mercados; *d*) o controle do acesso às fontes de recursos não renováveis; e *e*) o controle do acesso à mão-de-obra barata. Esses recursos, reunidos em quantidades ponderáveis e/ou combinados em doses diversas, originam posições de força que ocupam os Estados ou os grandes grupos econômicos na luta pela apropriação do excedente gerado pela economia internacional. Essas posições de força são de pesos diferentes e em seu relacionamento tendem a *ordenar-se*, produzindo uma estrutura. A luta contra a dependência não é outra coisa senão um esforço de países periféricos para modificar essa estrutura. Coligações de países permitem ocasionalmente obter a massa crítica requerida para o controle de um recurso, ou articular combinações de recursos de alta eficácia na geração de poder. Controlar os estoques de um produto é importante, mas ainda mais importante é dispor de recursos financeiros para prolongar esse controle. Dispor de recursos de petróleo é uma arma, mas a eficácia dessa arma pode aumentar consideravelmente se se consegue organizar globalmente a oferta de petróleo no mercado internacional.

Dos recursos de poder referidos, o primeiro — o controle da tecnologia — constitui atualmente a trava mestra da estrutura de poder internacional. Reduzida a suas últimas conseqüências, a luta contra a dependência vem a ser um esforço para anular os efeitos do monopólio desse recurso detido pelos países centrais. É que a tecnologia possui a virtualidade de, por uma ou outra forma, substituir-se a todos os demais recursos de poder. Não é demais lembrar que a tecnologia constitui na civilização industrial a expressão final da criatividade humana. Conforme assinalamos anteriormente, todas as demais formas de criatividade foram progressivamente postas a seu serviço. O vetor do fruto dessa criatividade é a acumulação nos instrumentos de trabalho, nas infra-estruturas que produzem os efeitos de conjunto, no homem sob a forma de competência para atuar e em particular para produzir novos conhecimentos. O que vimos chamando de civilização industrial não é senão a resultante de certa orientação da criatividade humana, orientação que favorece a acumulação e conduz à reprodução de certas estruturas sociais. O produto da criatividade assim orientada é a técnica moderna, ingrediente nobre do processo de acumulação. Aqueles que a controlam ocupam posições dominantes na luta pelo excedente. Enfrentar essas posições na esfera internacional, mediante a utilização de combinações adequadas de outros recursos, ou da massa crítica de certos deles, é a essência da luta contra a dependência.

Pouca dúvida pode haver de que a dominação tecnológica tende a aprofundar-se à medida que se vai fazendo mais densa a rede de interesses das empresas transnacionais. Estas, em última instância, traduzem o empenho de conservar o controle da tecnologia na fase de difusão planetária das atividades industriais. A cessão de tecnologia, mediante contratos de licença, pouco ou nenhum interesse apresenta para a empresa que tem a opção de explorar diretamente essa tecnologia, utilizando-a para formar o capital de filiais ou subsidiárias, para mobilizar recursos financeiros locais e ampliar o seu raio de ação. Esta a razão pela qual, longe de formar-se um crescente "mercado de tecnologia" no plano internacional, na fase de industrialização dos países periféricos a área de transferência efetiva das técnicas de vanguarda circunscreveu-se a operações entre grupos que estão em condições de assegurar-se mutuamente compensações em termos de tecnologia.

Contudo, a evolução dos países periféricos em outras frentes foi, sob muitos aspectos, favorável. No que respeita a recursos financeiros as modificações ocorridas nos últimos decênios são consideráveis. Por um lado, o desenvolvimento das redes bancárias e a ação direta do Estado foram canalizando massas ponderáveis de recursos; por outro, o acesso direto ao mercado financeiro internacional tem permitido a muitos Estados periféricos manobrar com uma liberdade que era desconhecida na época da tutela rígida do Fundo Monetário Internacional (FMI). Em todo caso, tornou-se evidente que as empresas transnacionais se implantam nas áreas periféricas com recursos em grande parte captados localmente (lucros de operações comerciais de importação/exportação, associação com grupos locais, subsídios do governo etc.) e com recursos do mercado financeiro internacional que freqüentemente têm a garantia de retorno das autoridades monetárias locais. Os consideráveis investimentos infra-estruturais, que viabilizam a implantação das subsidiárias de transnacionais, são financiados com poupança local compulsória e recursos externos garantidos pelo Estado. Em síntese: existe um potencial de recursos financeiros que pode ser utilizado pelos Estados, o que aumenta a capacidade de iniciativa destes nas relações internacionais.

A emergência, a partir de 1973, de um vultoso excedente de balança de pagamentos em transações correntes num pequeno grupo de países periféricos — exportadores de petróleo — constituiu o segundo dado de importância na frente do poder financeiro. Pela primeira vez tornou-se possível promover grandes projetos de interesse comum a países periféricos sem a tutela dos países centrais ou das instituições financeiras internacionais por eles controladas. As transferências financeiras entre países periféricos começaram a alcançar níveis significativos, e o problema do financiamento dos estoques reguladores dos preços internacionais de certos produtos primários já pôde ser colocado em termos menos desfavoráveis aos países dependentes. A periferia transformou-se em importante fonte de recursos do mercado financeiro internacional, mercado que abebera as empresas transnacionais e lhes dá forças para utilizar o poder tecnológico no controle das economias periféricas. Ainda assim, como ignorar que a intrusão desse elemento precipitou a conscientização pelos países dependentes da verdadeira natureza das relações econômicas internacionais?

O controle do acesso ao mercado interno constituiu outra fonte de poder nas relações internacionais. As barreiras tarifárias foram utilizadas por toda parte e em todas as épocas como instrumento de ataque ou defesa nas confrontações com interesses externos. Na presente fase de corrida das empresas transnacionais para controlar posições em toda a superfície do planeta, aumentou a relevância do controle dos mercados exercido pelos Estados. Ter acesso a certos mercados periféricos de grandes potencialidades constitui hoje em dia objetivo estratégico de grande número de empresas transnacionais. A implantação é mais fácil para as empresas que já dispõem de uma rede de comercialização, que controlam uma faixa do mercado mediante importações, que já dispõem de conexões com o sistema financeiro local. Capitalizando esses "invisíveis", o prestígio de suas marcas de fábrica e equipamentos já amortizados, a empresa pode instalar-se sem qualquer pressão sobre os recursos próprios, quando não seja o de pessoal de supervisão capaz. O problema que se coloca é o de saber se a subsidiária acarreta uma redução das vendas da matriz no exterior, já que isso conduziria a circunscrever a área de ação da subsidiária.

Dado o pequeno investimento que, em geral, representa a instalação de uma filial num país periférico, as barreiras à entrada de concorrentes são mínimas, tratando-se de transnacionais. Por conseguinte, as formas de mercado que emergem tendem a assemelhar-se ao que em teoria econômica se chama de concorrência monopolística, à diferença das estruturas oligopólicas que prevalecem nos países centrais. A concorrência monopolística conduz a uma fragmentação do mercado mediante a multiplicação de modelos e a saturação da propaganda; são-lhe inerentes a subutilização da capacidade produtiva e elevados custos sociais. A alternativa a essa situação de desperdício de recursos é a concessão de favores a uma ou duas empresas que passam a desfrutar de privilégios consideráveis. Essa disjuntiva coloca os Estados em face da necessidade de exercer um controle mais profundo dessas empresas e, em certos casos, de exigir participação na direção das mesmas.

A reduzida dimensão do mercado interno de muitos países periféricos levou-os a coligar-se em zonas de livre-comércio, uniões aduaneiras, "mercados comuns" e outros esquemas similares, todos visando a ampliar o espaço dentro do qual as empresas organizam suas atividades. Os problemas gerados por certas formas de mercado, a que nos referimos no parágrafo anterior, também se colocam nestes casos, pois essas coligações apenas produzem mercados de dimensões médias, mesmo pelos padrões da periferia. A necessidade de coordenar as políticas locais em face das transnacionais torna-se neste caso ainda mais premente, se se pretende evitar que estas venham a tirar proveito de possíveis rivalidades entre países em torno à localização de atividades econômicas. A articulação das políticas econômicas, o financiamento conjunto de projetos de interesse comum reforçam a posição de pequenos Estados em seus tratos com as transnacionais.

Foi no contexto de coligações de países que buscam contornar obstáculos criados pela estreiteza dos mercados locais que começaram a emergir com nitidez as linhas de uma política visando a preservar o controle dos mercados internos em face da ofensiva das transnacionais. A orientação básica dessa política tem sido no sentido de limitar no tempo o controle de um segmento de mercado exercido pela transnacional, controle via de regra inevitável numa primeira fase, dadas as dificuldades de acesso à tecnologia. Substitui-se a cessão em caráter definitivo da exploração de um mercado por um contrato de exploração por tempo limitado. O controle da empresa — de seus departamentos de produção, financeiro e de marketing, e não apenas acionário — deverá ser transferido progressivamente para centros de decisão internos ao país. A captação de recursos no mercado financeiro interno fica condicionada a essa transferência de controle. O objetivo é fazer que as empresas passem a ser parte integrante do sistema econômico local — regional no caso de uma coligação de países —, estabelecendo em função deste sua racionalidade interna, e que só secundariamente estejam articuladas com os grupos transnacionais que lhes fornecem tecnologia ou serviços comerciais. Se o controle local se estende a muitos setores, cria-se uma massa crítica que permite pressionar as transnacionais para que cedam a tecnologia em condições menos onerosas. Demais, torna-se possível orientar a tecnologia em função de objetivos definidos e criar um mercado para a tecnologia localmente produzida. Os propósitos dessa política podem frustrar-se totalmente se a referida massa crítica não é obtida. Quanto maior o mercado interno, mais fácil é alcançar um resultado positivo; daí que, no caso de pequenos países, a coligação seja condição *sine qua non* do êxito desse tipo de política.

O controle do acesso aos recursos não renováveis foi sempre considerado como uma das principais fontes de poder nas relações internacionais. A divisão de grande parte do planeta entre um pequeno grupo de países que se industrializavam, na segunda metade do século XIX, tem aí sua principal explicação, e não na necessidade de abrir novos mercados ou de colocar capitais "excedentes". O que hoje existe de novo é a generalização do processo de industrialização, ao mesmo tempo que se intensificou consideravelmente a acumulação nos países centrais. Durante muito tempo, o avanço da técnica num planeta que apenas começava a ser conhecido criou a ilusão de que a oferta desses recursos se manteria elástica indefinidamente. Não se exclui a hipótese de que um dia grande parte dos recursos que o homem extrai da natureza, particularmente os metais, seja reciclada e de alguma forma passe a ser parcialmente renovável. Mas não foi nessa direção que se orientou a tecnologia da civilização industrial. A lógica do sistema de acumulação atual, com seu horizonte de tempo relativamente curto, tende a gerar uma pressão crescente sobre os chamados recursos não renováveis. Na medida em que estes se localizam em países periféricos, aos quais se apresenta a possibilidade de utilizá-los diretamente, perfila-se toda uma nova problemática. Certo: poderosos interesses empenham-se nos países centrais para que não se forme a consciência desses problemas e para que se mantenha a ilusão de que a tecnologia por si só resolve todos os problemas que ela mesma cria. À ação desses interesses deve-se que se mantenha a atual escala de desperdício, com sacrifício em primeiro lugar das reservas que detêm muitos dos países centrais. Os Estados Unidos, o Canadá e a Austrália continuam explorando suas reservas de recursos não renováveis com base em critérios derivados da apropriação privada dos mesmos — que se traduzem nos curtos horizontes temporais a que nos referimos — e obstaculizam toda tentativa de se organizar em escala global a oferta de tais recursos. Ora, a elevação dos preços relativos da maior parte dos recursos não renováveis é condição necessária para que se reduza de imediato o flagrante desperdício atual, e para que se reoriente a tecnologia em função de progressiva economia dos mesmos.

A política suicida que praticam certos países centrais com respeito às próprias reservas não poderá senão reforçar a posição da periferia, a médio e longo prazos. Neste setor, mais que em qualquer outro, a efetivação do poder passa pela coalizão de países e pela capacidade financeira para prolongar a ação no plano comercial. A fragilidade financeira dos países periféricos produtores de cobre é certamente a principal causa de sua incapacidade para pesar significativamente no mercado desse produto. Mas não se pode negar o fato de que a tendência básica é no sentido do fortalecimento da posição de barganha dos que controlam a oferta dos recursos não renováveis.

O vasto reservatório de mão-de-obra existente em muitos países periféricos tem sido principalmente uma fonte de debilidade desses países em suas relações internacionais. Sobra lembrar que essas massas de mão-de-obra, sem opção de emprego fora de uma economia de subsistência, estão por trás dos baixos preços de oferta de muitos dos produtos agrícolas exportados pelos países periféricos. A organização dos mercados desses produtos foi a primeira forma que assumiu a luta contra a dependência. Essa mesma mão-de-obra começa a aparecer nos mercados internacionais cristalizada em artigos manufaturados produzidos por filiais e subsidiárias de transnacionais localizadas em pontos convenientes da periferia. Dadas as tendências estruturais que estão conduzindo à descentralização das atividades industriais, o controle do acesso a essa reserva de mão-de-obra poderá assumir a forma de um recurso de poder nas relações internacionais. Atualmente, todos os países com abundância de mão-de-obra se empenham em cedê-la nas condições mais favoráveis às transnacionais. As facilidades criadas às inversões industriais orientadas para o mercado exterior são em toda a periferia as mais generosas. Se existe algum obstáculo à expansão das transnacionais nessa direção, cabe atribuí-lo aos próprios países centrais; é o caso da pressão criada por sindicatos, particularmente nos Estados Unidos, preocupados com os efeitos diretos e indiretos da "exportação" de emprego que realizam certas empresas. Contudo, são muitas as indicações de que as transnacionais prosseguirão no empenho de descentralizar-se na direção dos países com abundância de mão-de-obra, sempre que estes reúnam as condições mínimas de acolhimento à atividade industrial. É essa a linha de menor resistência para reduzir a pressão no sentido de elevação dos salários reais nos países centrais e para maximizar as possibilidades de crescimento da empresa.

Se prosseguem as tendências referidas no parágrafo anterior e a mão-de-obra canalizada sob a forma de produtos manufaturados para o mercado internacional chega a ter importância para as transnacionais, ter-se-ão reunido as condições para que os países periféricos transformem essa fraqueza num novo recurso de poder. Um aumento ainda que substancial no preço dessa mão-de-obra (medido em termos do que ela produz para o mercado internacional) não impedirá que a mesma continue a ser barata para as transnacionais que têm acesso aos mercados dos países centrais, onde a taxa de salário para trabalho idêntico é atualmente de cinco a dez vezes mais alta. Os países de mão-de-obra de mais baixo preço poderão introduzir um imposto à exportação de manufaturas visando a cobrir total ou parcialmente o diferencial entre a sua taxa de salário e a de outros países periféricos que competem nos mesmos mercados. Não seria de surpreender que se caminhasse na periferia para uma política fiscal coordenada objetivando reter uma parte do excedente que as transnacionais derivam da exploração de mão-de-obra barata. Na situação presente, as transnacionais podem escolher entre muitos países e dessa forma exercer pressão sobre cada um deles. Os salários são mantidos em nível baixo e ainda se concedem subsídios à exportação. Mas não se pode ignorar que, nas novas estruturas que estão emergindo, a força de trabalho da periferia desempenha um papel cada vez mais importante na reprodução das formas sociais dos países centrais. As antigas relações internacionais mediatizadas por mercados de produtos primários, sobre os quais pesava o poder financeiro de certos grupos, vão sendo substituídas por uma nova matriz dentro da qual a ação política tem influência decisiva.

Os recursos de poder referidos não devem ser considerados no mesmo plano. Em graus diversos, quase todos eles já vêm sendo utilizados há bastante tempo por muitos países periféricos. Mas só recentemente estão sendo utilizados de forma articulada com o objetivo explícito de modificar a ordenação das relações internacionais em benefício de países de economia dependente. Como a tecnologia é o recurso mais nobre (na prática substitui os demais sem por eles ser substituída) e aquele que é monopolizado pelos países centrais, pode-se afirmar que a *dependência* é primeiramente *tecnológica*. Reunir outros recursos de poder para neutralizar ainda que parcialmente o peso da dependência tecnológica — eis a essência do esforço que realizam os países periféricos para avançar pela via do *desenvolvimento*.

A luta contra a dependência começa em geral pela reivindicação do controle das próprias fontes de recursos não renováveis. Em seguida ela assume a forma de ocupação de posições que permitem controlar, ainda que parcialmente, o acesso ao mercado interno. Das vitórias alcançadas nessas duas frentes surge a massa crítica de recursos financeiros, que permite consolidar as posições ganhas e ampliar a frente de ação. A luta na frente tecnológica somente se torna viável quando foi assegurado o controle de importantes segmentos do mercado interno e reunida uma massa crítica de recursos financeiros.

Em todas as fases do esforço para modificar as relações internacionais, as coalizões e coligações de países periféricos desempenham papel fundamental. Tanto as de base regional — países de uma mesma área — como as de tipo funcional — países exportadores de um mesmo produto ou associados em um projeto de interesse comum. São essas coalizões que permitem reunir uma constelação de recursos de poder capaz de produzir impactos de efeitos irreversíveis.

A luta contra a dependência vem assumindo a forma de uma *confrontação*, se bem que os objetivos que em cada etapa se fixam os países periféricos parecem sempre modestos. Isso possivelmente reflete a distância que existe entre os recursos de poder de que dispõem em potencial e a reduzida fração desses recursos que logram efetivamente mobilizar. De uma maneira imediata, trata-se de criar vínculos de autêntica interdependência sem dispor de autonomia tecnológica, de tentar modificar a orientação da tecnologia sem ter o controle desta. Somente de posições mais avançadas e sólidas será possível visar a objetivos mais ambiciosos, como o de instilar uma nova lógica dos fins no processo de acumulação, como o de resgatar a criatividade da tutela que sobre ela exerce atualmente a racionalidade instrumental.

A questão central continuará a ser a de geração de formas de vontade coletiva na periferia, pois somente assim poderá ser ativado o potencial de recursos de poder. A esse respeito, nada será tão contraproducente como a instigação das rivalidades regionais que conduzam a carreiras armamentistas. Os armamentos sofisticados fornecidos pelos países centrais são uma sangria financeira e a porta aberta a novas formas de dependência de conseqüências incalculáveis. O paroxismo nesse novo quadro de irracionalidades, que poderá destruir todos os avanços já obtidos na luta contra a dependência, seria o enveredamento pela carreira armamentista nuclear. Que um país periférico se dote de armamento nuclear é de total irrelevância para o equilíbrio estratégico em escala planetária. Mas será de conseqüências negativas profundas para as relações entre países da periferia, particularmente os da área do país em questão. Estará rompida a solidariedade profunda que hoje existe entre países dependentes, mesmo quando tal solidariedade não assume caráter operativo. Muitos serão os países periféricos que reagirão buscando abrigo numa proteção que não lhes deixarão de oferecer as superpotências. Quando a isso se adiciona a formidável drenagem de recursos a que serão submetidos os países que despencarem por esse desfiladeiro, temos uma primeira idéia das conseqüências negativas que esse passo acarretará à luta contra a dependência.

Se deixamos de lado a perspectiva sombria referida no parágrafo anterior, existe base para afirmar que os avanços já realizados abrem opções aos países periféricos para concretizar novas formas de coalizão e exercer novas iniciativas na luta para reordenar as relações internacionais. Contudo, não se deve perder de vista que a luta contra a dependência não é senão um aspecto do processo de desenvolvimento, e este não existe sem a liberação da capacidade criadora de um povo. Quiçá o aspecto mais negativo da tutela das transnacionais sobre os sistemas de produção na periferia esteja na transformação dos quadros dirigentes em simples correias de transmissão de valores culturais gerados no exterior. O sistema dependente perde a faculdade de conceber os próprios fins. Esta a razão pela qual o autoritarismo político a ele se adapta como uma luva. Dependência econômica, tutela cultural e autoritarismo político se completam e reforçam mutuamente.

Mas como ignorar que a periferia constitui hoje uma peça de importância maior na engrenagem da civilização industrial? Certo: não tem o peso específico que a unidade política dá à China; nem ocupa, como a União Soviética, uma posição de vanguarda na tecnologia militar; tampouco pode reivindicar o nível de acumulação e o avanço social dos países capitalistas centrais. Mas a história já não se faz sem que entre em cena esse novo ator.

7. Ensaio de visão retrospectiva

Valemo-nos da expressão *revolução burguesa* para indigitar o processo histórico multissecular no qual emergiram as formas de controle social conducentes à aceleração da acumulação que pôs em órbita a civilização industrial.

Essa temática, de importância evidente para a compreensão do mundo contemporâneo, foi até recentemente de abordagem difícil, em razão das lacunas existentes na historiografia econômica. Mas, graças aos seus avanços recentes, está emergindo uma visão de conjunto do processo de crescente articulação econômica das distintas áreas da Europa e da transformação da economia européia em embrião de um sistema de âmbito planetário. Um conhecimento mais completo do quadro demográfico, dos avanços e recuos da fronteira agrícola, dos altos e baixos das correntes de intercâmbio de produtos primários e manufaturados permite hoje em dia abranger num horizonte histórico essa progressiva articulação. No amplo afresco que o avanço da pesquisa histórica está desenhando, recortam-se dois períodos seculares de expansão: o primeiro com seu início no século XII e o segundo nos albores do século XVI. A cada um desses períodos segue-se outro também secular (no sentido em que os economistas empregam esse termo: período mais longo do que o utilizado na teoria corrente dos ciclos) de perda de dinamismo e contração, cujos marcos iniciais se situam respectivamente em meados do século XIV e nos primeiros decênios do século XVII. Trata-se de simples identificação de tendências gerais no comportamento de variáveis descritivas, que permite introduzir uma primeira periodização.

Da observação dos ciclos econômicos propriamente ditos, sabemos que não existe simetria entre contração e expansão do conjunto das atividades econômicas. Contudo, as formas que assume a contração não são independentes da natureza do processo de expansão imediatamente anterior. A contração vai sempre acompanhada de deslocações no espaço, com concentração em benefício de certas áreas ou regiões, e a evolução subseqüente não é independente dessas modificações estruturais. Esta a razão de que os ciclos econômicos pouco tenham em comum, sendo reduzido o alcance explicativo das múltiplas teorias dos "ciclos dos negócios", formuladas todas sem uma compreensão do comportamento mais a longo prazo da economia capitalista. Contudo, foi a crítica das teorias do ciclo que, ao assinalar a especificidade de cada ciclo, dirigiu a atenção para horizontes históricos mais amplos e finalmente permitiu focalizar nestes certas invariâncias.

Utilizando na observação dos amplos períodos históricos os ensinamentos proporcionados pela crítica da teoria dos ciclos, indagaremos que fatores intervieram nas fases de contração para que as duas longas fases de expansão hajam sido qualitativamente tão distintas. A cadeia de mudanças qualitativas conduziu a um ponto preciso: a brusca aceleração do processo acumulativo que está na origem da civilização industrial. Esse *ponto* abre um novo período histórico de expansão e ao mesmo tempo assinala a plenitude das formas de dominação social que chamamos de revolução burguesa. Em realidade, esse ponto é o momento crucial de um longo processo histórico que procuraremos focalizar respondendo a três ordens de questões: *a*) por que o excedente (entendido como recursos cuja utilização abre opções à sociedade) antes absorvido por atividades de múltiplas ordens foi canalizado de forma cada vez mais ponderável para as atividades econômicas; *b*) por que o excedente absorvido pela esfera econômica foi progressivamente desviado das atividades de intercâmbio para as diretamente produtivas; e *c*) que outros fatores respondem pelo fato de que a injeção de excedente nas atividades produtivas assumisse a forma de aceleração da acumulação?

Dentre os conceitos que elaboraram os economistas clássicos, o de *excedente*, ainda que imprecisamente definido, é o que mais ajuda a obter uma visão abrangente de um processo social global. Utilizaremos esse conceito em sua acepção mais ampla: com referência a todos os recursos de que dispõe uma sociedade além daqueles de que necessita para reproduzir-se, adotando-se como parâmetro para medir o custo dessa reprodução o nível de vida da massa da população. Concebido dessa forma ampla, o excedente terá existido em praticamente todas as sociedades de que temos registro histórico. Ele poderá minguar ou mesmo desaparecer em períodos de vacas magras, mas reponta quando volta a normalidade. Graças a ele as populações cresceram e as sociedades se diversificaram engendrando as desigualdades sociais. É evidente que se os membros de uma sociedade têm diante de si um horizonte de opções — fazer a guerra, empreender viagens espaciais, construir pirâmides, cultivar o ócio e coisas similares — é porque dispõem de recursos acima do necessário para reproduzir-se.

A vida social pode ser apresentada como a expressão da divisão do trabalho entre os membros de um grupo, ou seja, da busca da economia de esforço pela cooperação. Se é verdade que o homem pode sobreviver e reproduzir-se em pequenos grupos sociais, cabe inferir que em todos os grupamentos humanos superiores deram-se as condições para a formação de um excedente. Não discutiremos os meios que historicamente foram utilizados para obter esse resultado, bastando lembrar que eles assumiram as formas mais diversas, indo da simples escravidão às mais exaltantes mensagens de estímulo à criatividade. A maneira como é criado o excedente reflete-se no sistema de dominação social, e sua utilização final, na forma como a sociedade se estratifica. Não é de surpreender, portanto, que a teoria do excedente proporcione um enfoque global do processo social.

Por trás da escravidão, do controle do acesso à terra, dos obstáculos à circulação de pessoas e bens, dos impostos, vislumbra-se facilmente um sistema autoritário visando à formação e captação de um excedente. Embora o processo seja mais difícil de vislumbrar, as transações mercantis têm igualmente como objetivo provocar a formação e permitir a apropriação de um excedente. Existe ampla evidência histórica de que se manifestaram por toda parte muito cedo esses dois processos de formação de excedente: o exercício direto da coação e as operações de troca e intercâmbio. A cada um desses tipos puros — o autoritário e o mercantil — correspondem múltiplas formas de organização social. Assim, entre a apropriação autoritária realizada no império faraônico, com sua estrita organização burocrática da produção e uma rigorosa distribuição centralizada das terras aráveis, de um lado, e de outro o sistema impositivo dos romanos, que permitia um alto grau de descentralização na organização da produção, são consideráveis as diferenças. Mas isso não nos impede de perceber que estamos em face de dois casos de captação autoritária do excedente. Também são notórias as diferenças nas estruturas sociais quando o comércio está estritamente regulamentado — como correspondia ao sistema de corporações medievais e ao de frotas e feiras da América espanhola colonial — ou é deixado à livre iniciativa de indivíduos isolados ou organizados em empresas.

Via de regra, as duas formas de captação do excedente apresentam-se entrelaçadas: os recursos captados autoritariamente — mediante a escravidão, a servidão, a exação de impostos — são em seguida inseridos em canais comerciais, abrindo-se a possibilidade a grupos que não exercem poder de apropriar-se de parte dos mesmos. Ocorre, entretanto, que o intercâmbio conduz à especialização e ao melhor uso dos recursos, portanto a uma maior eficiência. Esse intercâmbio, que provoca a ativação da produção e amplia o excedente, é fruto da iniciativa de agentes não diretamente envolvidos na produção, os quais atuam como autênticos catalisadores no processo de geração de novos valores, ao mesmo tempo que se colocam em posição estratégica para apropriar-se de parte do excedente. Contudo, a ação desses agentes catalisadores requer a imobilização de recursos — em meios de transporte, armazéns, estoques, sistemas de proteção etc. — que são um excedente previamente apropriado. A essa forma de excedente, utilizado na captação de outro, chamou-se de *capital*.

Se bem as duas formas de captação do excedente sejam igualmente antigas, só excepcionalmente — caso das cidades autônomas cujas atividades econômicas principais se realizavam extramuros — veio a prevalecer a forma mercantil na moldagem das estruturas sociais. Com a revolução burguesa, a forma mercantil tende a tornar-se abrangente: não apenas se difunde horizontalmente, incorporando aos mercados parcelas crescentes dos frutos das atividades humanas, mas intensifica sua penetração vertical, integrando nos mercados sob a forma de "fatores da produção" a força de trabalho humana e os recursos naturais. A penetração vertical da forma mercantil de captação do excedente não é outra coisa, em realidade, que um processo de modificação do sistema de dominação social. Se nos colocamos dentro da ampla perspectiva histórica antes referida, verificamos que a primeira fase de contração secular preparou o processo de intensa difusão horizontal da captação mercantil do excedente, característica da expansão do século XVI; e que a segunda fase de contração secular foi em realidade o período de gestação das novas formas de dominação social que permitiram aprofundar verticalmente a captação mercantil do excedente, base da formidável expansão que arranca a partir de fins do século XVIII.

Tomando como ponto de referência o fracasso da experiência imperial carolíngia — com o qual se intensifica a fragmentação do poder no espaço que antes constituíra o Império Romano do Ocidente —, é fora de dúvida que o fato marcante da história européia nos três séculos subseqüentes terá sido a emergência de uma economia mercantil de grande poder expansivo, a qual irradiava de centros urbanos. Paralelamente a essa atividade comercial crescente, manifesta-se uma considerável expansão demográfica. O que está por trás desse dinamismo — que Henri Pirenne explicou com elegância mas de forma seguramente insuficiente —, maiores avanços da historiografia são necessários para descortinar. O dinamismo demográfico foi certamente estimulado pela expansão comercial, mas responde a causas mais complexas e constituiu-se ele mesmo em fator estimulante das novas atividades econômicas. Limitamo-nos a constatar os fatos, ponto final de nossa mirada retrospectiva, e a assinalar a presença nos centros urbanos de um patriciado de crescente influência. Essa primeira rachadura no sistema de dominação social constitui a célula mater do longo processo que nos interessa observar.

A interação entre as duas classes privilegiadas — a nobreza rural e o patriciado urbano — está por trás da gestação de uma nova visão do mundo. Particularmente na Itália, onde a nobreza cedo tendeu a fixar residência nas cidades, o processo de mútua influência foi considerável. A observação da vida urbana durante esse período é muito sugestiva, pois as cidades surgem como massas gelatinosas ao lado das estruturas sociais extremamente rígidas que as circundavam. Os elementos mais dotados do universo feudal, inclusive da nobreza, eram naturalmente atraídos pela cambiante paisagem urbana. Por outro lado, as tensões sociais que se manifestam nas cidades projetam luz sobre o processo de formação de novas estruturas de dominação.

As convulsões sociais que se multiplicam em numerosas cidades, particularmente as italianas e as do norte da França e dos Países Baixos, quase sempre são o reflexo de reivindicações de grupos profissionais e mesmo dos trabalhadores diaristas para participar do governo da cidade. Desse esforço para romper o monopólio do poder exercido pelo patriciado, saiu reforçado o regime das corporações de ofício, o que põe de manifesto que as lutas foram dadas em torno de como era apropriado o excedente e a quem este beneficiava. As corporações haviam emergido, como mecanismos de proteção das profissões artesanais, no longo período de desorganização da economia romana. Agora elas ressurgiam com muito mais poder como sistema de defesa dos artesãos — progressivamente da camada superior do artesanato — em face da ofensiva da burguesia que pretendia ampliar sua área de domínio social. O esforço para estender a mercantilização das relações sociais fora assim barrado dentro das próprias áreas em que o patriciado exercia a hegemonia do poder.

Na primeira metade do século XIV assinalam-se importantes mudanças no quadro histórico. Uma seqüência de pestes que culmina com a chamada Negra (1347-50) constitui clara indicação de que fora alcançado um ponto crítico na pressão sobre os recursos. Sabemos com relativa certeza que a população de países como a França e a Inglaterra sofreu forte declínio (de um terço à metade) na segunda metade do século. A fronteira agrícola recuou por toda parte, e a floresta avançou sobre áreas em que haviam florescido núcleos urbanos. Qualquer que seja a explicação que pretendamos avançar para esse *tournant* histórico, sempre teremos de reconhecer que a ascensão da burguesia fora paralisada. Talvez porque sua influência não houvesse alcançado o setor rural — sob estrito controle da poderosa classe feudal —, onde a técnica permanecerá praticamente estacionária nos séculos subseguintes; ou porque essa influência recuara nas próprias zonas urbanas, com a consolidação do poder corporativo; ou ainda porque seu raio de influência se reduzira consideravelmente no Mediterrâneo oriental e mesmo na Europa continental sob a pressão do avanço dos turcos; ou por estas e outras razões conjugadas. A conclusão sempre será a mesma: o processo de transformações sociais, que tivera início dois séculos antes, parecia haver se esgotado. Contudo, é no período de prolongada contração econômica que então se inicia, em meados do século XIV, que devemos procurar a chave para a explicação das grandes transformações que se produzirão no século XVI.

Para reter apenas alguns pontos de relevo de um quadro complexo, lembraremos que o considerável declínio demográfico reduziu em muitas áreas a pressão sobre a mão-de-obra e intensificou o processo de comutação em pagamento monetário dos serviços prestados à nobreza pela população camponesa. Como o rendimento do trabalho agrícola havia aumentado — em decorrência do abandono dos solos de pior qualidade ou de sua restituição à pecuária —, a monetização, dentro dos padrões estabelecidos anteriormente, interessava à massa camponesa, que aí via uma forma de ascensão social. Em regiões principalmente de pecuária, como a de Flandres, a penetração da economia monetária levou precocemente à completa liberação da população rural. Por outro lado, a monetização de parte da renda da nobreza facilitou a implantação de muitos de seus membros nas zonas urbanas, levando-os com freqüência a participar de atividades econômicas antes reservadas à burguesia. Assim, uma parte da nobreza infiltrava-se no mundo burguês para obter vantagens econômicas, ao mesmo tempo que a alta burguesia pretendia cada vez mais ter acesso aos privilégios da nobreza, *nobilitando-se*. A monetização da economia rural teve reflexos positivos na vida urbana. Mas, em razão da consolidação do sistema corporativo, reduz-se a mobilidade social: a possibilidade de um aprendiz chegar a mestre torna-se cada vez mais remota. A camada superior do setor das corporações se investe de prerrogativas de um subpatriciado, transformando-se em fator de estabilidade mas também de imobilismo social. Esse enrijecimento das estruturas sociais urbanas levará em certas regiões a grande burguesia a intensificar suas atividades extramuros.

Os traços rápidos que vimos de indicar põem em evidência que a fase de prolongada contração esteve longe de caracterizar-se pela imutabilidade. A extraordinária fermentação intelectual, presente principalmente na Itália, e o esforço persistente a partir de Portugal para abrir rotas transoceânicas são claras indicações de que a cultura européia conheceu durante esse período notável atividade criadora. As novas formas que assume a criatividade nesse período merecem particular atenção, sem o que não é fácil explicar as surpreendentes transformações que se iniciam no século XVI.

A tenacidade com que durante um século — século que se situa no período de contração e de declínio a que nos estamos referindo — os portugueses lutaram para abrir novas fronteiras à Europa não se explica sem ter em conta a precariedade da independência política desse pequeno reino, comprimido entre o expansionismo castelhano e os abismos oceânicos. Enquanto em outras regiões da Europa as energias da classe burguesa são absorvidas em lutas sociais e a autonomia da burguesia é hipotecada ao poder real, sob cuja tutela se abriga, em Portugal a classe mercantil transforma-se em sustentáculo de um poder real ameaçado pelas alianças de grupos feudais com o vizinho expansionista. É no quadro dessa aliança orgânica que se forja o projeto de dotar o país de novas dimensões na direção do até então desconhecido.

Durante o meio século que antecedeu a sua morte, em 1460, o infante d. Henrique dedicou-se com exclusividade a essa tarefa inusitada de preparar a exploração do desconhecido, criando para Portugal uma razão de ser na história maior da Europa. Bem antes de Camões, o navegante veneziano Alvise da Cadamosto referiu-se a esse príncipe como tendo possibilitado a navegação de "mares nunca dantes navegados". Entusiasmado com um encontro que teve com d. Henrique, Cadamosto decidiu tudo abandonar para dedicar-se a essa grande aventura. A d. Henrique se aplicam as palavras que Alexandre Koyré utilizou para traçar o perfil de Leonardo da Vinci, em quem se define o espírito do Renascimento: um homem da práxis, construtor de instrumentos, para quem o conhecimento não era objeto de contemplação, e sim instrumento de ação.

Na escola de navegação que d. Henrique criou em Sagres emerge um novo espírito orientado para a idéia de *tecnologia*: trata-se de fundar em conhecimentos empíricos adrede recolhidos e criticados à luz da ciência da época um projeto de ação em grande escala. A preocupação em ampliar os conhecimentos geográficos e em aperfeiçoar e criar instrumentos visando a uma maior eficácia na ação prefigura a mentalidade de engenheiro que é uma das marcas dos tempos modernos. Já no decênio seguinte à morte de d. Henrique, um representante da burguesia de Lisboa assume a responsabilidade de financiar as expedições, ao mesmo tempo que tinha início a exploração comercial da costa africana recém-descoberta. Antes de terminado o século os portugueses haviam estabelecido de forma operacional contato transoceânico com a Ásia Oriental, abrindo uma fase de expansão comercial sem par na história anterior da Europa. A chegada de Colombo, à frente de navios castelhanos, às supostas Índias Ocidentais, situa-se nesse mesmo quadro de expansão transoceânica que fora concebido na primeira metade do século XV, em Sagres.

Na mesma época em que os portugueses acumulavam metodicamente conhecimentos da geografia dos espaços oceânicos e das costas continentais e desenvolviam os meios técnicos que levariam a uma nova fase de grande expansão do comércio europeu, ocorria na Itália uma outra revolução, cujo alcance e significado não é captado facilmente pelo homem de nossa época, na qual a fronteira do saber se encontra no futuro. Essa revolução consistiu na incorporação ao universo intelectual, no curso de umas poucas gerações, da parte essencial do estupendo acervo de conhecimentos que havia produzido a cultura grega clássica. Não se duvida de que o pensamento escolástico havia assimilado Aristóteles à sua maneira, e que toda uma ciência de tipo contemplativo se formara na linha do empirismo aristotélico a partir do século XII. Os *Comentários* estagiritas de Averroés eram tão conhecidos que Dante não pôde deixar de assinalar esse filósofo em sua passagem pelo Limbo. Mas o que ocorre pela metade do século XV é uma autêntica revolução cultural: a brusca descoberta de que o conhecimento do mundo havia sido no passado incomensuravelmente maior e o desejo sem medida de descobrir e abarcar esse conhecimento. O que não teria dado Leonardo para conhecer a obra de Arquimedes!

O catálogo que chegou até nós da biblioteca do papa Eugênio IV, da primeira metade do século XV, registra apenas três obras em grego; em 1455 o catálogo da biblioteca de Nicolau V já assinala mais de trezentas, e três decênios depois o catálogo da de Sisto IV registra mais de mil. A mesma tendência pode ser observada na Biblioteca Laurenciana de Florença e na Marciana de Veneza. Com o apoio da Academia Platônica de Florença, fundada por Cosimo de Medici em 1462, Marsilio Ficino traduziu para o latim a quase totalidade da obra de Platão. A partir de Florença, o espírito neoplatônico impregnará toda a cultura européia sob múltiplas formas, tendo sido decisiva sua influência na formação da física galileana. Esse espírito tanto está presente nos planos de Bramante e Michelangelo para a catedral de São Pedro como na concepção de um universo sem limites de Giordano Bruno. Que a indústria editorial haja surgido e se desenvolvido nessa época constitui mais do que uma coincidência. De Veneza, que se beneficiou particularmente da diáspora de intelectuais bizantinos, irradiaram para toda a Europa, primorosamente impressas, praticamente todas as obras gregas que haviam sido recuperadas nos decênios anteriores. Percebe-se a significação desse trabalho editorial quando se tem em conta que a revolução científica, que eclode no século seguinte, nada mais é, em sua primeira fase, do que um diálogo com os gregos. Vesalius, que funda a anatomia moderna nos primeiros decênios do século XVI, não se imagina mais do que um atento continuador de Galeno, e um século depois dele Galileu ainda terá em Arquimedes a sua referência mais importante.

Os dois poderosos impulsos dados à Europa entre os séculos XV e XVI — a ampliação do espaço geográfico e o aprofundamento do horizonte de conhecimentos — convergirão de distintas formas e são o ponto de partida da ascensão de uma cultura — a européia — a uma posição dominante mundial. O avanço da cartografia, na primeira metade do século XVI, é uma boa ilustração da convergência dos dois vetores referidos. Os portugueses da Escola de Sagres não chegaram a conhecer a *Geografia* de Ptolomeu; contudo, os conhecimentos que iam acumulando começaram a influenciar os cartógrafos italianos a partir da metade do século XV. Assim, ao difundir-se a obra de Ptolomeu, a reflexão que ela suscita beneficia-se da visão mais rica do planeta que estava irradiando de Sagres. O significado dessa confluência de conhecimentos para suscitar novas hipóteses no espírito de homens como Colombo não é difícil de perceber. A publicação, no começo do século XVI, do famoso mapa-múndi de Waldseemüller, no qual se integram os conhecimentos empíricos adquiridos no século anterior com a herança ptolomaica, simboliza a nova posição do homem europeu, que assume definitivamente os conhecimentos dos antigos mas tem do mundo visão totalmente nova.

A dinamização da economia européia, nesse "longo século XVI" a que se referem os historiadores da École des Annales, tem na mudança de seu eixo principal do Mediterrâneo para o Atlântico uma de suas principais manifestações. Desde fins do século XIV os portugueses mantinham postos comerciais permanentes em Flandres, que se vinha constituindo em peça mestra do comércio das regiões setentrionais da Europa. A instalação da grande feitoria portuguesa de Antuérpia, em 1455, sucede de pouco à abertura da frente produtora de açúcar na Madeira. Era uma brecha num dos mais sólidos monopólios dos venezianos, que controlavam as fontes produtoras de açúcar no Mediterrâneo oriental.

O impacto da abertura das linhas transoceânicas para a Ásia não deve ser observado apenas do ângulo da quebra do monopólio veneziano no comércio da pimenta. Coube a Braudel chamar a atenção para o fato de que os venezianos, após terem tentado conquistar um espaço no novo negócio que irradiava de Lisboa, haviam logrado reconstituir, um quarto de século depois da viagem de Vasco da Gama, os canais tradicionais de abastecimento através do Egito. Por outro lado, a historiografia mais recente tem assinalado que o transporte de produtos de elevado valor por unidade de peso era mais barato pela chamada rota do Levante, que comportava duas ou três variantes, do que pela rota do cabo da Boa Esperança. Ocorre, entretanto, que antes da presença portuguesa a instabilidade dos preços e a irregularidade do suprimento eram consideráveis. Um cronista português do século XVI nos deixou minuciosa descrição das peripécias desse comércio através da Arábia e do Egito, das inumeráveis aduanas e das múltiplas baldeações. O preço da pimenta, que na Índia era de dois a três cruzados o quintal, multiplicava-se por trinta ou quarenta antes de passar às mãos dos venezianos em Alexandria.

A Coroa portuguesa, através de sua representação em Antuérpia, aliou-se às grandes casas comerciais da época — Függers, Welse, Frescobaldi, Gualterotti e outras — para organizar o escoamento das especiarias desembarcadas na Casa das Índias. Como comerciantes experientes, deviam ter uma idéia do grau de elasticidade da demanda: a ampliação das vendas dependia mais de acesso a novos mercados do que da baixa de preços. Daí a importância da aliança com os flamengos, que tinham acesso a todos os portos do norte europeu. O preço de venda em Lisboa — de dez a quinze vezes o de aquisição do produto na Índia — permitiu que o consumo de pimenta dobrasse na Europa no curso do século XVI.

Contudo, é de um ângulo mais amplo que convém observar a verdadeira mutação trazida à economia européia pela abertura das rotas transoceânicas para o Oriente. Tem sido assinalado —

por Ralph Davis, por exemplo — que o quadro institucional em que se praticava o comércio a grandes distâncias modificou-se fundamentalmente nesse período. À diferença dos negócios tradicionais, em que centenas e mesmo milhares de pessoas participavam frouxamente associadas, o comércio das Índias é em Portugal fruto da ação deliberada do poder público. Que o Estado se haja consolidado em Portugal, desde o século XIII, como expressão da vontade de autonomia da classe burguesa é um fato que não se pode perder de vista. A ascensão da burguesia faz-se contra forças externas ao país, e não contra uma poderosa classe feudal interna, como foi a regra nos grandes países da Europa.

O monopólio do comércio das Índias exercido pelo Estado não refletia uma concepção burocrática da organização econômica; todas as pessoas que dele participavam, mesmo em tarefas humildes, beneficiavam-se de seus lucros. O seu objetivo central era o mesmo da grande empresa moderna que, conhecendo perfeitamente os seus mercados, pratica a administração de preços, condição indispensável ao planejamento a médio e longo prazos. Os grandes investimentos realizados em meios de transporte e segurança seriam impraticáveis se não fosse possível prever a rentabilidade do negócio a médio prazo. Os protestos contra a manutenção dos preços em níveis relativamente altos não foram poucos: é conhecida a carta de Erasmo ao rei de Portugal denunciando as altas margens de lucro. Mas não se pode deixar de reconhecer que a experiência que se estava acumulando de organização do comércio em grande escala, com possibilidade de planejamento mais a longo prazo, constitui um marco na formação de uma economia de âmbito planetário. A *corporation*, que no século seguinte será o grande instrumento da expansão comercial de holandeses e ingleses, é uma entidade concebida para desempenhar funções similares às que vinha cumprindo a Coroa portuguesa no comércio transoceânico. Criada pelo Estado como entidade de direito público mas com objetivos essencialmente mercantis, a *corporation* constituiu um quadro dentro do qual cooperavam elementos da burguesia e da nobreza (às vezes o próprio rei como pessoa de direito privado) e permitiu uma ampla mobilização de recursos de terceiros. Não obstante a aparência fosse outra, o Estado português havia desempenhado a mesma função.

No último quartel do século XVI a Coroa portuguesa introduzirá várias modificações na organização do comércio, visando a descentralizar as tarefas executivas e a mobilizar mais recursos privados para seu financiamento. Mas será mantida a política de preços administrados, que assegurava margens comerciais altas e transformava o negócio em poderoso instrumento de capitalização, em benefício de todos que dele participavam. O comércio da pimenta representou, na primeira metade do século XVI, um terço do valor dos negócios realizados em Antuérpia, então o maior centro comercial da Europa. A ruptura do monopólio veneziano constituiu certamente um fator de dinamização da economia européia. Por um lado forçou a baixa dos custos (principalmente pela redução dos impostos) na rota do Levante; por outro, conduziu à ativação econômica em uma região — Flandres e Holanda — que se vinha assinalando pela liquidação das velhas formas de dominação social.

Outro fator, igualmente ligado à expansão transoceânica, que contribuiu de forma decisiva para a expansão econômica do século XVI, foi o formidável incremento na oferta de meios de pagamento de aceitação universal, proporcionado pela exploração de metais preciosos na América. Nem sempre se percebe com clareza a importância, no desenvolvimento das transações econômicas inter-regionais, da disponibilidade de formas adequadas de liquidez. Os europeus haviam deparado secularmente com dificuldades para pagar as mercadorias que importavam do Oriente por intermédio dos levantinos. Problema similar se colocava entre regiões européias, quando não era possível um estrito bilateralismo. A emissão de títulos de crédito pelas grandes casas comerciais era um formidável avanço, mas também ela podia ser freada pela escassez de reservas metálicas. A solução desse problema foi dada pelo fluxo permanente de metais preciosos da América para a Europa.

A ação dos espanhóis na América, durante o século XVI, assumiu principalmente a forma de pilhagem sistemática dos tesouros de objetos de metais preciosos que haviam acumulado os impérios meso-americanos e andino e de corrida implacável à caça das fontes desses metais. Da Califórnia ao Chile, em uma extensão de 15 mil quilômetros, o território foi palmilhado. Graças aos conhecimentos de metalurgia da população local, que foi em grande parte consumida nas duras marchas e árduos trabalhos, a produção cresceu rapidamente: numa primeira fase, a de ouro, e a partir da metade do século XVI, a de prata. Graças à introdução da técnica da amálgama de mercúrio — metal que era produzido no Peru — a produção argentífera alcançou níveis que até então eram inimagináveis. Com base na instituição da *mita* — imposto pago pelas populações em força de trabalho —, transformou-se a região mais densamente povoada da América meridional em uma máquina de extrair prata da montanha de Potosí. Entre começos do século XVI e a primeira metade do seguinte, algo como 180 toneladas de ouro e cerca de 17 mil toneladas de prata, sem contar o que alimentou as ricas correntes do contrabando, entraram na Espanha provenientes das colônias espanholas.

A evolução do mercado do açúcar também é ilustrativa da interação de forças que levou à dinamização econômica do período que estamos considerando. Se bem que tradicionalmente produzido na área do Mediterrâneo — principalmente em Chipre, cujo produto era apreciado por sua qualidade superior —, o açúcar era comercializado pelos venezianos a preços elevados, destinando-se à mesma clientela de altas rendas que absorvia as "especiarias" do Oriente. Sua introdução na ilha da Madeira, na metade do século XV, baseou-se em técnica e soca de cana importadas da Sicília. A ampliação da oferta, com o aparecimento do produto das ilhas atlânticas, deparou com dificuldades de comercialização. A queda subseqüente dos preços levou os portugueses a reduzir a produção e introduzir um sistema de cotas. O fato de que uns poucos decênios depois se inicie a produção no Brasil, em escala muito maior e a uma distância que implicava custos de transporte muito superiores, constitui clara indicação de que ocorrera uma mutação no sistema de comercialização. A nova expansão se beneficiará do apoio financeiro dos holandeses, que então instalaram em Amsterdã a grande indústria de refinação de açúcar que abastecerá praticamente todo o mercado europeu até meados do século XVII. A oferta mais que decuplicou, mas o açúcar deixara de ser um produto de luxo ou de uso na farmacopéia para incorporar-se à dieta de uma fração crescente de população européia. O açúcar logo viria a competir com a pimenta como principal produto do comércio transoceânico. Realizar a sua produção em grande escala a uma distância da Europa que implicava meses de precária navegação transoceânica e, principalmente, transformá-lo em produto de uso corrente em vastas áreas da Europa são feitos que revelam o vigor com que a burguesia dos países atlânticos rompera os quadros da economia comercial tradicional sob controle das cidades italianas.

A abertura das novas linhas de comércio e a formação de vultoso potencial de meios de pagamento de aceitação geral são fatores de grande importância. Contudo, foi o aproveitamento desse novo horizonte de possibilidades pela burguesia atlântica, principalmente a dos Países Baixos, que então deslocava os italianos da posição hegemônica, que conduziu a uma mudança no curso geral da história européia. O processo de ascensão da burguesia na estrutura de poder, interrompido século e meio antes, podia agora ser retomado a partir de uma plataforma mais alta.

A nova fase de expansão, alimentada pelo fluxo de novos meios de pagamento, caracterizar-se-á por uma marcada ascensão do nível geral de preços. A Espanha, por onde entrava na Europa a vaga de metais preciosos, apresentava o mais alto nível de preços, transformando-se em pólo de atração para onde afluíam produtos de todas as partes. Os dados que chegaram até nós do abastecimento das frotas que a Casa das Índias enviava anualmente a Vera Cruz e a Portobello são ilustrativos do cosmopolitismo que prevalecia nos mercados espanhóis. Certo: transformada em entreposto, a Espanha conheceria o declínio de suas atividades agrícolas e manufatureiras, desviando-se a acumulação para atividades não produtivas nesse período crucial da formação da Europa moderna. Mas, do ponto de vista da evolução geral do capitalismo, a economia espanhola estava atuando como fator de dinamização ao exportar os meios de pagamento que permitiam ao capital comercial de outras regiões retomar a ofensiva pela apropriação do excedente.

A mudança de tendência no comportamento global da economia européia, que se assinala na primeira metade do século XVII e que constituiu o segundo período de declínio secular a que fizemos referência, merece particular atenção. Nessa fase define-se a hegemonia política da burguesia, ao mesmo tempo que os critérios mercantis começam a impor-se à organização da produção. Que causas respondem por essa mudança de tendência global é questão que seguramente continuará a ser formulada por muito tempo. É de admitir que se haja esgotado o impulso dado pela deslocação da fronteira e pela criação das linhas comerciais transoceânicas. Em outras palavras: o efeito multiplicador interno na

Europa do grande impulso do século XVI não lograra gerar a capacidade de autotransformação requerida para dar permanência à expansão.

Quando observamos mais de perto esse quadro, comprovamos que as próprias forças postas em marcha pelo impulso externo contribuíram com o tempo para debilitá-lo. O caso do comércio transoceânico com a Índia é ilustrativo a esse respeito. Conforme vimos, o monopólio exercido pelos portugueses durante um século não destruiu a rota do Levante — o que permitiu a Veneza conservar uma importante fonte de renda — e proporcionou margens substanciais de lucros às grandes firmas européias. Em 1595, os holandeses, que há muitos anos já recolhiam as especiarias em Lisboa — nessa época sob controle da Espanha, que com eles estava em guerra —, tomam a decisão de autonomizar-se: tentam o controle total do comércio estabelecendo contato direto com os portos da Índia. Cinco anos depois os ingleses os seguem e também contornam com seus barcos o cabo da Boa Esperança. Instala-se pela primeira vez uma efetiva concorrência, que se traduzirá em declínio substancial de preços. Com efeito: nos primeiros decênios do século XVII, os preços de oferta da pimenta se reduzem na Europa à metade, o que provoca a exclusão dos venezianos desse comércio e o fechamento da rota do Levante. Por outro lado, na Índia, onde se rompera a posição privilegiada dos portugueses, os preços de oferta se elevam. Dada a inelasticidade da demanda, a conseqüência principal da baixa de preços seria reduzir as margens comerciais em benefício de uma camada da população que desfrutava de elevada renda e se caracterizava por uma altíssima propensão a consumir e/ou investir em atividades improdutivas. Se se tem em conta a importância das especiarias no comércio da época, compreende-se que a nova situação haja repercutido negativamente no potencial acumulativo sob controle da burguesia.

O caso do açúcar nos descortina outros aspectos das transformações ocorridas nessa época. A criação de uma indústria açucareira nas Antilhas pela metade do século XVII — com assistência técnica e financiamento dos holandeses, que vinham de ser expulsos do Nordeste brasileiro — acarretou forte e persistente declínio nos preços do produto, o qual se prolongaria pelo século seguinte. A nova situação leva à fragmentação do mercado no quadro do Pacto Colonial, o que beneficiaria as burguesias inglesa e francesa em detrimento dos interesses holandeses, que haviam realizado grandes investimentos na refinação e até então controlavam a comercialização em grande parte da Europa.

Uma das conseqüências da baixa de rentabilidade do comércio transoceânico foi a busca de novos produtos pelas grandes companhias que haviam investido amplamente nesse negócio. É por essa época que surgem ou se tornam conhecidos novos "produtos coloniais" e que se realiza a grande ofensiva para estabelecer contato direto com as colônias espanholas, até então submetidas ao estrito regime de frotas surgido no quadro da economia de exportação de metais preciosos. Mas a grande descoberta serão os tecidos de algodão provenientes da Índia. R. Davis nos lembra que graças a eles as grandes companhias que mantinham contato direto com a Índia puderam atravessar a baixa de rentabilidade causada pelo declínio do negócio da pimenta. Em fins do século XVII os tecidos já representavam 55 por cento das importações holandesas do Oriente e 70 por cento das inglesas. À diferença da pimenta, os tecidos de algodão, que se dirigiam a uma ampla gama de consumidores, tinham diante de si uma demanda elástica, pois concorriam com atividades artesanais ainda em grande parte sob controle corporativo, portanto de escassa agilidade em face da concorrência. A formação desse mercado — a fibra de algodão era até então praticamente desconhecida — será de importância decisiva na gestação da nova fase de expansão que se afirmará na segunda metade do século XVIII. Por um lado, a fibra de algodão se revelará particularmente apta para o tratamento mecânico; por outro, a produção de algodão poderá ser organizada em grande escala no quadro da economia colonial, portanto sob controle total da burguesia. Mas o que nos interessa assinalar no momento é que a criação de um mercado mediante a destruição de atividades artesanais não podia deixar de ter efeitos depressivos na economia européia, sem que isso impedisse, é verdade, que as companhias que intervinham no negócio obtivessem boas margens de lucro.

Outro fator que certamente contribuiu para a mudança no quadro geral da economia européia foi a redução no fluxo de metais preciosos procedentes da América. A partir do quarto decênio do século XVII, o declínio no influxo de prata foi considerável: de quase trezentas toneladas anuais no último decênio do século XVII, reduz-se a menos de cinqüenta toneladas pela metade do século XVIII. Como é de admitir que o contrabando fosse mais importante nos períodos de maior produção, é provável que a queda tenha sido ainda maior do que se deduz desses dados derivados dos registros de entrada na Espanha. O influxo de ouro reduzira-se sensivelmente desde os primeiros anos do século XVII, e pela metade deste era insignificante. O declínio na produção de prata refletia essencialmente a baixa de produtividade da mina de Potosí, cujas galerias cada vez mais profundas se transformavam em verdadeiro sorvedouro de vidas humanas. O esforço subseqüente dos espanhóis levará a uma diversificação de fontes na América do Sul e a um forte crescimento da produção no México. Contudo, os frutos desses esforços só se tornarão plenamente visíveis pela metade do século.

É nesse período decisivo de redução do fluxo de metais preciosos provenientes da América espanhola que se insere a produção de ouro do Brasil. Os dados de que dispomos são neste caso ainda mais precários. A produção de prata estava vinculada ao suprimento de mercúrio, que procedia de duas minas (uma situada no Peru e outra na Espanha) sob estrito controle da Coroa espanhola. Demais, o regime de frotas (conjunto de navios comboiados que saíam duas vezes por ano para a América) constituiu até fins do século XVII um poderoso instrumento de controle, com base no qual se impunha o monopólio comercial. No Brasil, a existência de um importante comércio de produtos agrícolas, do qual participavam interesses holandeses e, mais tarde, ingleses de modo substancial, tornava impraticável o controle efetivo de uma produção aurífera que se estendia por vasto território e era totalmente de fonte aluvional. Um arguto observador da época, o jesuíta Antonil, afirmou que o ouro declarado às autoridades não representava um terço do efetivamente produzido. Outras testemunhas da época atribuem ao contrabando importância ainda maior. Mas se nos restringimos aos dados de Magalhães Godinho, baseados nos registros em Portugal das entradas de ouro procedente do Brasil, estas alcançaram, no começo do século XVIII, 14,5 toneladas em um ano. Tudo leva a crer que já nos primeiros dois decênios desse século saiu mais ouro do Brasil do que do conjunto das colônias espanholas nos dois séculos então decorridos de presença européia nas Américas.

À diferença dos metais preciosos que penetravam na Europa pela Espanha, e que tenderam a espraiar-se por vasta zona que se estendia do Mediterrâneo ao Báltico, o ouro brasileiro, por motivos que não vem ao caso referir, canalizou-se, em sua quase totalidade, para a Inglaterra. Dessa forma, a liquidez internacional, que voltava a ser escassa um pouco por toda parte, apresentou-se com rara abundância em uma área circunscrita. Demais, o fluxo de demanda externa originário de Portugal e do Brasil e orientado para a Inglaterra concentrava-se na área das manufaturas, mais particularmente dos tecidos. Se se tem em conta que a depressão generalizada conduzira a Inglaterra, à semelhança de outros países, para o protecionismo — o Ato de Navegação é da metade do século XVII —, comprova-se que se haviam conjugado na Inglaterra os dois fatores — liquidez internacional e barreiras protecionistas — que permitem disciplinar o intercâmbio externo e submetê-lo aos objetivos de uma política de expansão interna.

Na época que estamos considerando, o comércio internacional era de caráter essencialmente bilateral. Em face da relativa escassez de meios de pagamento — convém ter em conta que o comércio com o Oriente acarretava uma drenagem permanente de metais preciosos na direção da Ásia —, todos os países procuravam *defender as suas reservas*, o que conduzia inexoravelmente ao bilateralismo. Mesmo na segunda metade do século XIX, época de grande expansão das transações internacionais — de mercadorias como de capitais —, o comércio efetivamente multilateral não representava mais do que uma quarta parte das transações de mercadorias. Ora, é o multilateralismo que permite gozar do máximo de flexibilidade: manter a iniciativa, escolher os clientes, estar presente ali onde surge a boa ocasião. Porque se transformou em centro de transações multilaterais, a Inglaterra pôde emitir moeda de poder liberatório mundial, o que constitui um privilégio sem par. Em síntese: o importante saldo em ouro que obtinha no comércio com Portugal proporcionou à economia inglesa grande flexibilidade em pleno período de perda de dinamismo do conjunto da economia européia.

À diferença do ocorrido no período de expansão, quando se ampliou a área de penetração do capitalismo comercial, na fase de perda de dinamismo observa-se uma tendência à compartimentalização, à fragmentação do espaço econômico em áreas nacionais. Dentre estas, a inglesa pôde desfrutar de posição privilegiada, assegurando-se a iniciativa do intercâmbio externo, graças à permanente realimentação de suas reservas metálicas. Exercendo um quase monopsônio em certas áreas, ela estava em condições de influenciar os preços de certos produtos que importava — madeiras, ferro, alcatrão, do norte da Europa, lã da Espanha etc. —, ao mesmo tempo que seu poder financeiro lhe possibilitava penetrar nos mercados de produtos manufaturados, na reexportação de produtos coloniais ou ainda de artigos do Oriente. Esse poder de iniciativa explica o êxito da política de expansão da marinha inglesa. Numa economia comercial, o essencial do excedente permanece em mãos daqueles que estão em condições de exercer a iniciativa das transações. O controle da infra-estrutura logística é simples corolário desse poder de iniciativa.

As tensões do segundo período de perda de dinamismo transplantaram, assim, da Holanda para a Inglaterra o principal centro de comando da economia européia, ao mesmo tempo que o fulcro do processo de acumulação se deslocava da abertura de linhas de comércio — expansão horizontal — para a transformação das atividades produtivas — expansão vertical. Em face de um universo comercial que já não se expande, a única forma de prosseguir com a acumulação é *desenvolver as forças produtivas.* Colocava-se, portanto, de imediato, o problema do controle das atividades produtivas, vale dizer, da substituição da forma tradicional de extração do excedente. Em linguagem atual: tratava-se de elevar a produtividade para gerar excedentes exportáveis e também para competir com certas importações no próprio mercado interno. Coube ao setor têxtil algodoeiro preencher essa dupla função: gerar o fluxo de exportações e ao mesmo tempo reduzir a demanda interna de produtos do Oriente e assim limitar a drenagem de metais preciosos.

Se a indústria têxtil algodoeira se desenvolveu na Inglaterra de forma tão extraordinária nos últimos decênios do século XVIII, não foi somente porque aí brotaram nesse momento algumas engenhosas descobertas mecânicas. A verdade é que se haviam reunido nesse país condições que lhe permitiam comandar as transações internacionais: manipular preços, controlar os meios de transporte, exercer poder financeiro. Seu poder de iniciativa, ao elevar a rentabilidade das transações externas, pressionou no sentido de gerar excedentes de exportação. Desenvolver a produção em setores com demanda potencial passou a ser uma exigência do processo de acumulação. Em outras palavras: criaram-se as circunstâncias que elevaram a probabilidade de que ocorresse certa mutação no sistema. O controle progressivo pela burguesia do sistema de produção manufatureira, e a conseqüente preocupação com a redução dos custos de produção, fez que essa mutação se produzisse no sentido da mecanização. Estava dado o salto qualitativo que abriria novos e amplos horizontes à acumulação.

O avanço da burguesia no controle das atividades produtivas foi favorecido pela presença de fatores intervenientes que contribuíram para debilitar as estruturas tradicionais de dominação social. Assim, a persistente elevação do nível de preços, que acompanhou em grande parte da Europa a maior abundância de meios de pagamento, provocou transferências de renda que viriam a favorecer a classe burguesa. Grande parte da nobreza, que havia transformado em renda monetária os pagamentos *in natura* do excedente extraído da população camponesa, viu sua renda real declinar, o que a induziria a alienar parte de suas terras ou a contratar a sua exploração com empresários. Por este e outros meios entrelaçam-se os interesses de nobres e burgueses, ao mesmo tempo que o sistema de produção se transforma sob a influência dos critérios mercantis. Desde o século XVI é notória a penetração na agricultura de critérios de organização estritamente capitalistas. Para a burguesia a aquisição de terras era também uma forma de ascensão no sistema político.

Contudo, não seria possível aferir o avanço da burguesia na estrutura de poder se nos limitássemos a observar a fachada externa dos sistemas políticos. De uma maneira geral, até meados do século XIX, em quase toda a Europa a organização política continuava a fundar-se no controle da terra, controle que já não definia a forma principal de apropriação do excedente. Na Inglaterra, mesmo depois da eleição de 1832, na qual se incorporou ao eleitorado pela primeira vez uma fração importante da burguesia urbana, a Câmara dos Comuns continuava a ser constituída principalmente de membros da aristocracia, ou seja, de proprietários de terras. Na França, onde a propriedade da terra estava menos concentrada, a composição do Parlamento sob Luís Filipe não era muito distinta. Ora, o traço dominante da realidade européia nesse período era uma intensa acumulação sob o controle da classe burguesa e de elementos da nobreza que a ela se assimilavam. O Parlamento francês podia ser constituído em sua quase totalidade por notáveis das províncias com raízes na propriedade rural. Não obstante isso, o governo estava sob o controle do que se chamava *grande bourgeoisie*, constituída pelos círculos financeiros e industriais. Na Inglaterra, grande parte da aristocracia estava diretamente envolvida nos negócios. O fato de que a maioria do Parlamento inglês fosse constituída de proprietários de terras não impediu Robert Peel, nos anos 40 do século XIX, de destruir as barreiras que protegiam a agricultura inglesa, e assim reduzir consideravelmente o excedente extraído mediante o controle da terra.

A revolução burguesa não é outra coisa senão a ascensão de uma forma de dominação social e de visão do mundo ligada à apropriação mercantil do excedente. O grupo que encarna essa visão do mundo teve diversas origens e conheceu complexos cruzamentos. Na Itália, a fusão do patriciado urbano com a aristocracia rural ocorreu muito cedo, o que se deve ter em conta para compreender o espírito do *quattrocento*, com seu mecenato burguês de tão extraordinárias projeções na história européia. Essa fusão se faria alguns séculos depois na Inglaterra, dando origem a um conjunto de instituições políticas de influência sem-par na formação do mundo contemporâneo.

A história européia está marcada pela persistência do sistema autoritário de apropriação do excedente — o que explica a forma predominante de estratificação social e o elitismo dos sistemas de poder — e pelo vigoroso enxerto nesse tronco de outro sistema de apropriação de excedente que com o tempo imporia a sua hegemonia. Os valores da cultura que emana do tronco tradicional traduzem uma visão aristotélico-escolástica do mundo e se orientam para o imobilismo social. A cultura que procede do enxerto engendrou o individualismo, o espírito de competição, a propensão à inovação. Em todo caso, a visão do mundo que prevalecerá teve como ponto de partida essa releitura da cultura clássica grega que foi o Renascimento. A essa abertura inicial deve-se sua reconhecida vocação universalista.

A sociedade que emerge na Europa Ocidental no século XVIII é a resultante final da interação desses dois sistemas de valores. Por trás dos símbolos tradicionais sempre existe algo novo que procura afirmar-se. A aristocracia inglesa cresceu e enriqueceu alimentada pelos lucros da Companhia das Índias Orientais e pelos negócios antilhanos do açúcar. Na França, a burguesia se estratificará à maneira da nobreza, e sua camada superior — constituída de banqueiros, industriais da metalurgia e negociantes-armadores de Bordéus e Marselha — confundir-se-á com a nobreza de *robe* e mesmo com a *d'épée*. Não é fácil, portanto, identificar e situar na história os grupos que estiveram à frente das grandes transformações que marcaram no século XVIII a fase culminante da revolução burguesa.

Durante toda essa época, o mundo urbano representou uma pequena fração da população em todas as regiões da Europa. Da população ativa, não mais de 5 ou 6 por cento encontravam emprego no artesanato e manufaturas urbanas, incluídas as indústrias mineiras. Mas é neste setor que se produzirão os choques e surgirão as iniciativas de real importância na configuração das novas estruturas sociais. O primeiro longo período de declínio demográfico a que nos referimos segregara um enrijecimento das estruturas que beneficiava essencialmente as camadas superiores da classe artesanal. O desenvolvimento de formas alternativas de organização manufatureira, fora das áreas controladas pelo poder corporativo, não encontraria resistência, por conseguinte, nas camadas menos favorecidas do mundo artesanal. Às vezes a iniciativa era do próprio poder real, interessado em criar novas fontes de riqueza. Assim, em Tours, a manufatura de seda instalada no século anterior por iniciativa de Luís XI ocupava pela metade do século XVI mais de 10 mil trabalhadores. O considerável desenvolvimento da indústria gráfica, ocorrido na mesma época, fez-se principalmente com base em "trabalho livre", ou seja, eliminando-se a intermediação das corporações. Aperturas financeiras levaram muitas casas reais a aliar-se com a grande burguesia na busca da criação de fontes adicionais de riqueza. Assim os Habsburgo colocaram nas mãos dos banqueiros Függer toda a indústria mineira do Tyrol e da Hungria, que compreendia importantes minas de cobre, ferro e prata. Por uma ou outra forma constitui-se na Europa desde o século XVI uma massa operária — formada de trabalhadores assalariados que exerciam suas tarefas fora da própria residência — que não era inferior à terça parte da população ativa urbana ocupada na atividade manufatureira. Certo: os melhores mercados continuavam sob controle das corporações. Mas as atividades produtivas localizadas extramuros cresciam permanentemente, pois estavam ligadas aos negócios inter-regionais e internacionais.

A nova orientação que vai emergindo no campo do saber, com a aproximação entre homens formados em ateliês de grandes mestres da arquitetura e da pintura e outros provenientes do mundo universitário, começa a influir em múltiplas atividades práticas, inclusive nas de caráter econômico. Com efeito, o avanço na frente do saber tanto repercute na arquitetura eclesiástica, na construção de armamentos e no conhecimento da anatomia humana, como na construção naval, na arte da navegação, na metalurgia e na indústria mineira. Mas é a conjunção dos dois processos — a sedução que nos espíritos da época exerce a descoberta de novos conhecimentos e a visão das atividades econômicas como um campo aberto à inovação — que definirá o espírito da nova época. Pouca dúvida pode haver de que essa conjunção foi lenta, mantendo cada um dos dois processos por muito tempo uma total autonomia. O grupo de pesquisadores que Vesalius formou em Pádua em começos do século XVI, cujos estudos de anatomia conduziram à descoberta da circulação do sangue por Harvey, não seria distinto em suas motivações iniciais daqueles que na mesma época se dedicavam em Florença a meditar sobre Platão e Pitágoras. O avanço do horizonte cognoscitivo que conheceram outras épocas conduziu a um círculo fechado sem conseqüências maiores. Assim ocorreu com o pensamento escolástico medieval e também com o pensamento muçulmano na Espanha do século XII. Grande parte das elucubrações dos homens do Renascimento eram de caráter lúdico: as famosas invenções técnicas de Leonardo foram por ele conservadas em segredo e se passariam alguns séculos antes que fossem dadas a público. Foi a nova visão do mundo surgida com a burguesia que valorizou o acervo de novos conhecimentos, ao mesmo tempo que o desenvolvimento dos novos conhecimentos consolidava e aprofundava essa visão do mundo. A revolução científica do século XVII já traz em si elementos avançados da referida convergência. Desde sua origem, a ciência moderna está ligada à idéia de acumulação de conhecimentos que permitem ao homem aumentar sua capacidade de ação; portanto, responde aos requerimentos de uma civilização que tende inexoravelmente a transformar o mundo físico. Contudo, somente avançado o século XIX se cumprirá cabalmente a convergência, ao transformar-se a ciência no instrumento privilegiado da acumulação.

8. Em busca de uma visão global

1

Na Europa da época que antecede aos chamados grandes descobrimentos, coexistem dois sistemas de cultura que se confrontam mas também se alimentam mutuamente. A visão do mundo que prevalecia continuava fundada na tradição religiosa e no predomínio de um sistema de dominação social que assentava no controle do acesso à terra. Essa visão era hierárquica e orientada para a imutabilidade. Dante, ao representar o mundo como uma seqüência de esferas, nos aponta para a décima, morada de Deus, como imutável. O movimento seria um estado transitório das coisas, ou seja, a situação de tudo aquilo que está em busca do repouso que todos os objetos encontrariam no centro do universo, confundido com o centro da Terra. Mas nessa superfície aparentemente sem mácula existia uma rachadura, reflexo da crescente influência da vida urbana, onde se elaborava a cultura burguesa. Se em uma região como a Prússia os burgueses ainda estavam interditados de adquirir terras avançado o século XVIII, em outras regiões da Europa a burguesia deixara de ser simples satélite do sistema tradicional de poder dois séculos antes.

Toda tentativa de simplificação dessa fase crucial da história humana envolve o risco de deixar na sombra o que é realmente essencial. A Reforma, por exemplo, foi nas suas origens um movimento de restauração dos valores tradicionais: de volta às Escrituras e particularmente ao Antigo Testamento. Mas, em um mundo em que outras forças estavam gerando tensões, a ruptura da unidade religiosa transformou-se em fator de orientação do impulso criador e pôs em marcha uma formidável renovação da cultura. A assimilação da herança cultural grega também se apresenta de formas diversas, conforme seja o contexto histórico. Em uma fase, as idéias dos antigos serviram para reforçar a concepção hierárquica e autoritária do mundo. Em sua vertente aristotélica, a ciência grega serviu para transformar em um corpo coerente de conhecimentos um pensamento que assentava em verdades reveladas. Desse casamento resultou que os antigos passaram a ser invocados como "autoridades" para sancionar uma doutrina, e não como fonte de conhecimento. Mas não há dúvida de que o novo contexto cultural conduziria a uma releitura da ciência grega. A descoberta dos textos originais, que irradiavam de Veneza, assumiria as dimensões de uma revolução cultural. Pela primeira vez as obras mais importantes dos matemáticos gregos seriam conhecidas: Arquimedes só pôde ser efetivamente estudado pela metade do século XVI, e as partes realmente originais do tratado das seções cônicas de Apolônio somente foram conhecidas na Europa um século depois.

Certo: a simples descoberta desses textos não pode ser considerada causa suficiente da eclosão de conhecimentos que ocorre no século compreendido entre a atividade criadora de Galileu e a de Newton. Copérnico praticamente não conheceu os matemáticos gregos, e seu trabalho não é mais do que uma reelaboração da informação já contida na obra de Ptolomeu. Mas na época de Copérnico já se haviam realizado as viagens de circunavegação e o interesse prático pelo conhecimento astronômico havia aumentado consideravelmente. Era natural, portanto, que alguém se desse conta de que as doutrinas que prevaleciam na época estavam entravando o avanço de um conhecimento que se fazia cada vez mais necessário.

Quiçá nenhuma idéia haja contribuído tanto para ordenar nossas disquisições como a de que a civilização industrial é a resultante da convergência de dois processos de criatividade cultural: a revolução burguesa e a revolução científica. Revolução burguesa entendida como imposição da racionalidade instrumental à organização da produção, e revolução científica como predominância da visão da natureza como sistema dotado de uma estrutura racional, escrita em caracteres geométricos, segundo a expressão de Galileu. A interação entre esses dois processos está longe de ser evidente, particularmente nas fases iniciais. É este um tema que continua a desafiar a argúcia dos que se interessam por deslindar as fontes primárias da civilização industrial.

Avançamos anteriormente a hipótese de que o ponto de partida da revolução científica teria sido a releitura da ciência grega que se intensifica no século XVI. Como bem captou A. Koyré, essa releitura assumiu a forma de uma mudança da ótica aristotélica para a platônica: do empirismo para o formalismo. Dessa mudança de ótica resultaria uma importante alteração no estatuto das matemáticas (nessa época essencialmente a geometria), que deixam de ser um instrumento da física para transformar-se em sua matriz. Na visão do mundo que surge com Galileu e Descartes, tudo é matematizável; não existe espaço para o qualitativo que nos vem pela percepção sensível. Identifica-se o espaço real com o da geometria, e o movimento é concebido independentemente dos corpos em movimento. A mecânica passa a ser um ramo das matemáticas.

A visão platônica do mundo adotada por Galileu, inspirando-se em Arquimedes, estava longe de ser aceita pela maioria dos neoplatônicos seus contemporâneos. O neoplatonismo da Academia Florentina entroncava com o neopitagorismo e conduzia a preocupações bem diferentes. A visão galileana, que sobrepunha ao mundo sensível uma série de construções abstratas, conflitava não somente com as doutrinas oficiais mas também com o senso comum. Contudo ela vai predominar e de tal maneira impor-se que todas as outras formas de conhecimento serão a seu lado desqualificadas: só o conhecimento *científico* será *verdadeiro.*

A aplicação dos critérios de racionalidade à organização da produção não era outra coisa senão a quantificação de todos os ingredientes da produção, vale dizer, a redução do processo da produção a esquemas "geometrizáveis". Também neste plano o qualitativo será evacuado de toda especificidade, perdendo significação na medida em que não possa ser reduzido ao quantitativo. Dessa forma, o núcleo central da estrutura social — a organização da produção — tendeu a ser moldado pelas técnicas do pensamento quantitativo. A ação do homem como agente transformador do mundo passou a ser cada vez mais consciente, posto que passível de previsão. Por outro lado, à medida que os processos sociais de maior relevância passaram a estruturar-se com base no cálculo, o comportamento dos agentes sociais em outras esferas tendeu a refletir essas estruturas, espécie de balizamento que passou a ser visto como o substrato mesmo da ordem social. O segmento da realidade social estruturado com base nos critérios de racionalidade tendeu a expandir-se, vendo-se nessa expansão a manifestação da razão na história. A visão do mundo a partir do qualitativo foi relegada ao plano da consciência préracional ou ingênua, ou foi desviada para a esfera não cumulativa da intuição artística. O neoplatonismo galileano, ao produzir uma linguagem que será comum à visão da natureza e à prática social, apresenta-se como autêntica mutação no plano cognoscitivo. Nessa perspectiva, organizar a produção com base em critérios racionais não era outra coisa senão submeter-se às "leis da natureza". As mesmas leis gerais, que regiam as coisas utilizadas pelo organizador da produção, regiam os homens, assimilados a "elementos" dessa produção. A mutação é perfeitamente perceptível na transformação do discurso de *filosófico* em *científico*. Sendo a própria linguagem em que "está escrito o livro da natureza", como pretende Galileu, esse discurso pode ser corrigido, ampliado, mas não substituído. Sua veracidade é assimilada à validade prática, que se circunscreve à coerência da ação, situando-se os fins noutro plano cognoscitivo. "Transformar o mundo", essa missão que Marx pretendeu atribuir ao homem de pensamento da era pós-filosófica, passa a ser em si um objetivo, pois os fins da evolução social são imanentes à história.

O comportamento racional com respeito a um fim predeterminado é comum a todas as culturas, porquanto decorre da prática do trabalho produtivo. Neste caso, as regras da lógica fluem naturalmente de uma comparação entre os fins propostos e os resultados obtidos. Dessa forma, a técnica pode ser concebida como uma extensão voluntária das funções do organismo humano: das mãos, dos braços, do cérebro. Este foi o ponto de partida de Arnold Gehlen para demonstrar que existe uma ligação imanente entre a técnica e a estrutura da atividade racional. Ao ligar a preeminência da racionalidade (instrumental) à economia capitalista, Max Weber chamou atenção para a dimensão histórica do problema. Mas a ênfase que deu aos elementos "intercâmbio" e "uso da moeda" conduziu a interpretações do tipo da de Oskar Lange, que tendem a simplificar os termos do problema.

O uso da moeda e o intercâmbio são práticas que existiram em todas as civilizações, e a busca do lucro foi predominante em muitas civilizações de base urbana. A revolução burguesa é a implantação do tipo de dominação social que conduz à mercantilização dos ingredientes da produção, vale dizer, à estruturação do processo da produção em função de critérios de racionalidade instrumental. Setores importantes da ordenação social — o trabalho e atividades correlatas de parcela crescente dos membros da sociedade — passam a ser regulados por normas racionais sem que os objetivos últimos a que se subordinam tais normas sejam necessariamente evidentes para as pessoas implicadas. O controle da terra e dos homens tende a ceder lugar ao controle das técnicas, que asseguram a eficiência na organização da produção, como base da estrutura de poder. Os fundamentos da legitimidade do sistema de dominação social se modificam, como observaram Marx e depois Marcuse. Mas o que interessa frisar é que a racionalidade instrumental instala-se no cerne da prática social. Este é o contexto que permitiria ao neoplatonismo galileano revestir a forma de "revolução científica".

A difusão da racionalidade instrumental no tecido social (a *racionalização* a que se refere Weber) é menos decorrência da prática do intercâmbio e do uso da moeda — da extensão do "mundo da mercadoria" — do que da subordinação do conjunto das atividades sociais à acumulação. Nas sociedades capitalistas de forte acumulação, a *racionalização* avança bem mais rapidamente do que nas de acumulação lenta. Por outro lado, nas sociedades em que a civilização industrial penetrou por outra via que não o capitalismo — mas que se dotam de um forte mecanismo de acumulação — o processo de *racionalização* apresenta-se com igual virulência.

Quanto mais intensa a acumulação no sistema de produção, mais distante no tempo o horizonte com respeito ao qual as decisões têm que ser tomadas, mais afastados os objetivos com respeito aos quais a cadeia de decisões tem de ser ordenada. Portanto, maior a necessidade de programação e mais ampla a faixa de atividades colaterais que podem interferir no processo. Assim, pouca dúvida pode haver de que a ascensão na estrutura de poder de grupos sociais que estão em condições de impor à sociedade um forte ritmo de acumulação será acompanhada da ampliação da área social submetida à racionalidade instrumental. A difusão das práticas sociais exigidas pela acumulação nas forças produtivas (a *racionalização*) produziria o clima mental receptivo do discurso *científico*. Tudo se passou como se a prática social estivesse preparando o homem para assimilar a visão abstrata do mundo que correspondia aos novos conceitos da ciência galileana. Assim puderam ser vencidas as grandes resistências antepostas pela visão tradicional do mundo. Cabe razão a Jürgen Habermas quando afirma que durante muito tempo a contribuição da ciência moderna ao processo de "modernização" foi essencialmente indireta: induzindo a uma interpretação filosófica que leva a explicar a natureza e a sociedade a partir das ciências naturais. Mas também cabe ter em conta que a *dessacralização* da natureza e a *secularização* da sociedade foram preparadas por práticas sociais que refletiam as exigências da acumulação.

Ao imputar, a partir de uma ótica fenomenologista, um caráter ideológico à ciência e à tecnologia modernas, Marcuse abriu uma discussão da qual tem saído mais confusão do que luz. A ciência galileana é certamente uma criação do espírito humano fundada em certa visão do mundo. A veracidade de suas *leis* não é independente dos resultados que se podem obter a partir de sua aplicação. É porque aumenta a capacidade do homem para agir e prever os resultados da ação própria e de outrem que o conhecimento científico se impõe sobre outro qualquer. A ideologia está na escolha dos campos de pesquisa para os quais se orienta a atenção dos que produzem ciência, e mais ainda na orientação dada à aplicação dos conhecimentos científicos, ou seja, à tecnologia. Assim, desenvolver processos técnicos que induzem a poupar mão-de-obra de preferência a outros que criam emprego é expressão inequívoca de uma forma de poder. Mas se a orientação da ciência e da técnica está historicamente condicionada, a ciência em si mesma e o essencial de suas aplicações já comprovadas pela experiência constituem uma ampliação da capacidade do homem para pensar e agir de validade permanente.

No século e meio compreendido entre a publicação do *De revolucionibus orbium* de Copérnico (1543) e a dos *Principia* de Newton (1687), ocorreu a chamada revolução científica, ou seja, a estruturação de um corpo de conhecimentos que se comporta como um subsistema autônomo de caráter cumulativo, que autodefine seus métodos e campo de ação colocando-se fora da interferência de qualquer outra forma de conhecimento. Mas convém assinalar que essa ruptura somente foi percebida muito posteriormente. O esforço que empreendeu Descartes para criar um sistema de idéias que substituísse o aristotélico baseou-se no princípio de que todo conhecimento válido deveria aí estar incluído. O novo, que traduzia o espírito da época, era a idéia de que o homem não necessita mais do que a própria razão para construir esse sistema. A observação e a experiência podem nos levar a conclusões válidas, mas essa validade tem que ser comprovada pela descoberta de leis gerais, expressadas matematicamente, as quais abeberam, em última instância, numa metafísica. A verdade estaria em tudo aquilo que a mente humana pode conceber de forma *clara* e *distinta*, sendo contudo indispensável que o homem antes libere a mente de todos os "parasitas" que reduzem seu potencial de percepção. Afastados esses parasitas — frutos dos preconceitos e ilusões —, manifesta-se em todos os homens esse potencial de percepção da verdade. Essa a raiz da idéia de *senso comum*, inerente à nova concepção do mundo, liberada das "verdades reveladas", que posteriormente brotará por toda parte, em Adam Smith como em Kant. Não somente as diferenças entre os "sistemas do mundo", assinaladas por Galileu, eram importantes. A forma como o homem chegava a formar sua concepção do mundo não seria de menor relevância. Por alguma razão o *Diálogo* de Galileu e o *Discurso do método* de Descartes foram escritos em língua vernácula, dirigindo-se a público bem mais amplo do que a comunidade de letrados que se comunicavam em latim. A ruptura epistemológica ocorreria um século depois de Newton, quando Kant se incumbe de demonstrar que o conhecimento científico se esgota no plano dos fenômenos — sendo portanto alheio aos *nômenos*, ou coisas em si — e se apóia numa *razão* ela mesma dotada de fins. A partir de então o conhecimento científico — mais precisamente a dinâmica newtoniana — assume postura de paradigma. Em torno dele desenvolve-se um duplo esforço: para dotar a metafísica de fundamentos *científicos* e para descobrir invariâncias nos processos sociais que permitam tratar a história com os métodos comprovados das ciências naturais.

2

Graças a seu gênio profético, Nietzsche teve uma aguda percepção do impasse que parece ser inerente à nossa civilização. No centro de sua reflexão está a preocupação com os valores, a ansiedade com a *redefinição* dos valores, a identificação dos *fins*. Num mundo que se ordena em função dos *meios*, sua solidão teria que ser total. É interessante notar que o clarão que se fez no seu espírito e o levou a entrever o fundo do abismo produziu-se em sua juventude quando meditava sobre a civilização grega clássica. Em última instância, quando se referiu ao nascimento da tragédia e à sua morte sob a influência crescente da ascensão do "homem teórico", o que fez foi criar uma série de símbolos que nos permitem captar o que em seu espírito estava em gestação e não chegou a plenamente desenvolver-se até o grito confuso de *Ecce Homo*, já na fronteira da loucura. Esse clarão e a dolorosa gestação que se lhe seguiu não foram senão uma percepção aguda de que nossa civilização, ao subordinar os fins aos meios, avança aceleradamente para um despenhadeiro.

A revolta de Nietzsche contra Sócrates exprime em realidade o seu desespero em face do culto da razão que cristalizara no Século das Luzes. Sócrates teria domesticado o gênio dionisíaco da cultura grega, preparando-a para a ciência alexandrina. Que foram os séculos XVI e XVII senão a vitória definitiva dos alexandrinos? Que fez Copérnico senão introduzir correções na obra de Ptolomeu? Com quem dialogou até a obsessão Harvey senão com Galeno? E a quem se dirigiu com respeito Galileu senão ao *divus* Arquimedes? Essa neociência alexandrina teria tido na mecânica newtoniana a expressão definitiva de sua vitória.

A revolta de Nietzsche contra Kant reflete o seu desacordo com a ruptura epistemológica que cria a descontinuidade entre a explicação fenomenológica e o conhecimento nemológico, põe num desvão toda a ontologia e transforma a ciência em paradigma do conhecimento. A ciência — mera explicação do comportamento das coisas fundada na *redução* do complexo ao simples dentro do espaço cognoscitivo que permite o desenvolvimento das matemáticas — erigiu-se em sistema de conhecimento autossuficiente que tudo tende a devorar. Por outro lado, ao fundar o mundo moral em julgamentos sintéticos *a priori*, Kant certamente destrói as bases do autoritarismo, mas também sanciona as forças que estão levando à mediocrização da sabedoria e ao empobrecimento da vida ao mesmo tempo que exacerbam o interesse pela *explicação* do comportamento das coisas.

A parábola do louco, introduzida na *Gaia ciência*, ilustra a agudeza da percepção do impasse a que chegara o homem numa civilização fundada na preeminência da lógica dos meios. A parábola refere-se a um homem que acende uma lanterna em plena luz do dia numa praça pública e aos gritos pergunta aos passantes onde está Deus. Aos que o observam com escárnio, ele retruca: "Não sabem? Pois eu vou lhes dizer: *nós matamos Deus*". Atira a um lado a lanterna e reconhece, derrotado, que chegou demasiado cedo: os homens não têm a menor consciência do que fizeram, da enormidade do que está acontecendo; tudo isso lhes parece mais distante que as estrelas.

Na época de Nietzsche — dois séculos posterior a Newton — ainda parecia insanidade duvidar de que a razão era o princípio unificador de uma civilização que conduzia ao desenvolvimento de todas as potencialidades do homem. A ambição principal consistia em levar mais longe o formidável esforço que empreendera Kant, seja enriquecendo a lógica, como tentou Hegel, seja estendendo a crítica à *razão histórica*, como ambicionou Dilthey. O sistema de Newton, conforme ele mesmo pensava, tornara ainda mais necessária a idéia de Deus, de cuja suprema inteligência abundavam provas objetivas fornecidas pela nova mecânica celeste. Os naturalistas do século XVIII, que com seu trabalho paciente tanto contribuíram para que o homem finalmente conhecesse o mundo em que vive, foram os primeiros a deparar com "imperfeições" na obra do "Criador Supremo", e as atribuíram a desígnios que ainda lhes escapavam. Uma geração apenas antes de Nietzsche e em parte contemporâneo deste, Darwin viveu em toda a sua dramaticidade a tomada de consciência de que os valores que fundamentavam sua visão do mundo seriam inexoravelmente erodidos pelo avanço da ciência. Do ângulo epistemológico da ciência, tais valores se reduziam a cristalizações de uma consciência pré-crítica. A esse drama não terá sido estranha a nunca diagnosticada doença que o martirizou através de uma longa vida. Como não estremecer diante da constatação de que a maravilhosa obra da natureza não está aí como comprovação de que o mundo tem um sentido, sendo simples fruto do acaso? Esse drama, que em Darwin foi soterrado pela paixão que nele despertou a pesquisa científica (operando a enfermidade psicossomática como válvula de alívio), em Nietzsche transformou-se em fulcro da vida intelectual. Em *O nascimento da tragédia* ele projetou sobre o mundo grego clássico — como um artista que se libera da censura interna falando por personagem interposta — a idéia que dominaria a sua visão do mundo e condicionaria toda a sua existência: as forças que em nossa civilização engendram a difusão da racionalidade conduzem concomitantemente à destruição da capacidade criadora do homem, à sua *desumanização.* Nietzsche pareceu imobilizar-se, como se seus ombros devessem suportar o peso do drama de uma civilização cujo próprio êxito conduzia à destruição. Tal como o louco de sua parábola, parece haver tomado consciência de que chegara cedo demais, de que estava irremediavelmente só.

A denúncia obstinada de todas as formas de moral, que prevalecem em nossa civilização, era em Nietzsche o reverso de um desesperado empenho em forçar o homem contemporâneo a assumir a própria liberdade, capacitando-se para autotransformar-se. Dessa forma, nele ligam-se intimamente as idéias de liberdade e de criatividade. Tão convencido estava dessa ligação que não vacilou em afirmar que o realmente humano é criatura do próprio homem, tem raízes na sua vontade de poder. A idéia de Deus implicava, para ele, um empobrecimento da concepção do homem. Não desejar ser vassalo de Deus, nos diz, é a forma de o homem enobrecer-se. Seu pensamento parece ecoar o de Dostoiévski. Mas, enquanto Ivan Karamazov via na descoberta da inexistência de Deus a porta aberta para o homem assumir plenamente as suas pulsões destruidoras, Nietzsche aí descobria a raiz da condição superior do homem como criador, da responsabilidade diante da própria obra, que outra coisa não é senão o verdadeiramente humano. A idéia de liberdade, nesse contexto, adquire dimensões inusitadas. À concepção tradicional, essencialmente negativa — liberar-se daquilo que constrange, romper com o estabelecido —, ele substitui uma positiva: a criatividade. Assim Zaratustra interpela os que se apressam em romper as próprias cadeias: liberdade para quê?

3

A liberdade humana projeta-se, evidentemente, num plano epistemológico que escapa às "leis naturais" explicativas de uma realidade *a priori reduzida* segundo as exigências dos métodos da ciência. Ou se funda no transcendente, como ocorre com a moral cristã ou kantiana, ou se refere a uma faculdade do homem de autotransformar-se. Como todo ato de criação, a liberdade não pode ser apreendida mediante o estudo de seus ingredientes. A eliminação do transcendente como fundamento da moral leva necessariamente seja ao aviltamento do homem, seja a seu enobrecimento. A idéia de um "contrato" entre seres livres como fundamento da vida social responde a esse desejo de enobrecer o homem. Se, como pensava Kant, a razão prática prevalece sobre o entendimento e os imperativos morais são categorias *a priori*, o aperfeiçoamento das regras de convivência social não será outra coisa senão a plena realização das faculdades humanas. Entre essas faculdades do sujeito transcendental kantiano e a visão hegeliana da história como transformação do caos em ordem racional existe uma perfeita continuidade. Não obstante as duras críticas que faz ao racionalismo do século XVIII, o historicismo inscreve-se no mesmo quadro de busca de um ponto de apoio que desempenhe as funções dos antigos dogmas e ao mesmo tempo refira-se à razão. Nietzsche percebeu essa continuidade, daí tê-lo considerado simples ilusão que afastava o homem da confrontação consigo mesmo.

O espaço da cultura está delimitado pela ação criadora do homem, a qual expressa a sua liberdade. É nas formas que assume a criatividade que podemos encontrar a chave para captar as tendências mais profundas da nossa civilização. Ora, por um ou outro caminho essas formas tenderam a gravitar em torno do processo de acumulação.

A descentralização de decisões e a competitividade em todos os níveis, inerentes à economia de mercado, estimulam e mesmo exacerbam a iniciativa individual e, com esta, a inventividade pessoal. O fluxo de inovações que caracteriza essa economia é visto como um continuado esforço para ampliar o horizonte de possibilidades do homem e liberá-lo das peias que o submetem à natureza. Colocar a serviço da satisfação das necessidades humanas a vontade de poder do homem: eis o projeto de ordem social subjacente à economia de mercado que alcançou plena maturidade no século XIX. Ora, uma observação mais atenta desse sistema logo põe em evidência que nele a criatividade está subordinada à lógica dos meios, pois o conceito de necessidade humana não possui significado preciso e é definido à conveniência desses meios. Dessa forma, a liberdade assume o caráter de instrumento. Assim, a criação científica tende a subordinar-se às conveniências da inovação técnica, e a criação tecnológica, às conveniências do processo de acumulação. Por outro lado, os objetos de arte, ao serem inseridos no mercado, adquirem um valor de troca que tende a prevalecer sobre sua mensagem intrínseca. A celebridade deixa de ser um meio de assegurar ao artista a comunicação com o mundo exterior para transformar-se em fonte de valor de troca para sua obra. Sendo manipulada essa celebridade, o criador tem que submeter-se às regras de sua lógica. Regras que podem ser tirânicas, pois impõem a conformidade com estereótipos que facilitam a identificação do autor ou requerem um alucinante esforço renovador sem outra justificação que as exigências do marketing.

A criatividade artística — expressão da liberdade em uma de suas formas mais nobres — transforma-se em instrumento de ativação do processo de acumulação. Neste contexto adquire inescapável significação a pergunta de Zaratustra: liberdade para quê? Quanto mais avança a acumulação, mais o sistema necessita de criatividade e mais a liberdade se subordina à lógica da acumulação, a qual exclui toda possibilidade de visão global. Não sendo possível entender o sistema globalmente, tampouco será possível alcançar uma efetiva consciência crítica, que corresponde ao exercício pleno da liberdade. Essa situação de homens que são chamados a exercer uma liberdade de forma quase alucinante mas que se sabem prisioneiros num labirinto borgiano não é estranha à forma negativa — no sentido de excludente de uma percepção globalizante — de muito do que de mais relevante deu a arte do século XX: da visão fragmentária de um James Joyce à desarticulação da imagem nos cubistas e à percepção essencialmente analítica da massa sonora no dodecafonismo.

A criatividade como liberdade corresponde a um ato de afirmação pessoal que vincula moralmente o criador à sua obra. Desse ponto de vista, grande parte da atividade criadora no campo da ciência e da técnica tendeu a descaracterizar-se, o que explica o estado de desgarramento moral de muitos cientistas contemporâneos. A incapacidade do homem de simplesmente entender o que criou constitui a manifestação mais dramática de sua alienação, no sentido de perda de identidade. Exemplos terrificantes desse extravio, de obnubilação da consciência crítica, nos vêm das aplicações das técnicas de computação, que têm gerado problemas que o homem não tem condições de solucionar. O grande blecaute ocorrido no estado de Nova York em 1965 constituiu a esse respeito uma advertência. Pelo fato de que os computadores *solucionam* certos problemas com velocidade infinitamente maior do que o homem seria capaz de fazê-lo, ocorre que, operando em sistemas que não são rigorosamente fechados, eles podem *criar* problemas que o homem não tem a possibilidade de *resolver* com a velocidade requerida para evitar uma escalada catastrófica de decisões em direção imprevista. Engrenagens constituídas de outras engrenagens acionando novas engrenagens...

4

Fenômeno da mesma natureza do que vimos de referir, e de tantas implicações que tende a transformar-se em tabu, é o da difusão da tecnologia nuclear. Que toda inovação tecnológica tende a difundir-se é algo inerente à civilização industrial. Essa difusão tanto se dá horizontalmente, mediante a imitação, a concorrência, o efeito da nova técnica sobre outras que lhe são complementares ou substitutivas, como verticalmente, mediante a ampliação dos mercados, o que requer a adaptação dos novos produtos a clientelas financeiramente menos sólidas. Casos como o do motor de explosão interna, o do transistor, ou o do computador deixam ver, com a transparência que tanto apreciam os autores de manuais, a dialética do impacto da inovação e de sua difusão no corpo social.

A difusão da tecnologia nuclear, em razão de suas implicações insondáveis, abre uma brecha que nos permite perscrutar algumas das tendências profundas da civilização industrial. Essa tecnologia nasceu diretamente do empenho do homem em aumentar seu poder de destruição. A ninguém ocorreu, até hoje, contar a história possível da tecnologia nuclear — seu horizonte de oportunidades perdidas — caso ela houvesse nascido sem essa marca de Caim: destinada a aumentar, no mais curto prazo possível, o potencial destruidor do homem. Que até hoje não se haja desenvolvido a tecnologia do tório, por exemplo, é pergunta à qual não se dá maior atenção. Certo: a partir do momento em que se reduz a zero o fantástico custo social de uma tecnologia desenvolvida inicialmente para fins militares, a exploração de qualquer outra linha que possa representar uma alternativa torna-se economicamente inviável. Daí que se haja visto como "natural" a transição para a "exploração pacífica" de uma tecnologia do urânio que conduziria a uma "proliferação" da disponibilidade de plutônio em toda a superfície do planeta. A ânsia das empresas americanas em explorar essa tecnologia foi tão grande que elas não somente se adaptaram às condições financeiras de todos os clientes como também se comprometeram a assegurar-lhes suprimento futuro de urânio enriquecido a preços que se revelariam incompatíveis com a oferta potencial desse produto. Os problemas colocados pelo armazenamento dos resíduos do processamento desse combustível atômico foram considerados perfunctoriamente, havendo como que uma aceitação tácita da idéia de que esses resíduos seriam mais tarde reprocessados localmente. Assim, tenderia a crescer exponencialmente a disponibilidade de plutônio, fazendo-se cada vez mais remota a possibilidade de submeter a um controle qualquer o uso final desse material.

Pôs-se, então, em marcha o processo de difusão de uma técnica que o homem ainda não controla completamente — continuam sem solução à vista muitos dos problemas ligados ao armazenamento dos resíduos radioativos — e cujas projeções em vários planos se afiguram cada vez mais imprevisíveis e inquietantes. Sempre se pode afirmar que esse é problema menor, subproduto da carreira armamentista entre superpotências. Pouca dúvida pode haver de que, na era nuclear, essa carreira é a prova suprema da insanidade inerente à nossa civilização. Mas como não perceber que a "proliferação" nuclear acrescenta várias incógnitas a um problema que o homem já não alcança equacionar? Por outro lado, como evitar que a tecnologia nuclear disponível continue a difundir-se, se ela já é hoje uma das fontes principais de poder econômico? Como em muitos outros casos, o problema deriva em última instância de que a lógica da acumulação se sobrepõe a tudo o mais. É este tão-somente o caso mais dramático de um processo histórico no qual o homem tem consciência dos problemas engendrados pelas decisões que está tomando e de antemão se sabe incapaz de enfrentá-los. É livre para se ver na engrenagem, mas não o suficiente para dela escapar.

5

O estranhamento do homem contemporâneo — a perda de memória que exala de quadros como os de Giorgio de Chirico, a incomunicação entre os humanos que é o universo de Federico Fellini, o desespero em face do sobre-humano que está na desesperança de um Franz Kafka e na violência das tonalidades dos expressionistas alemães, a luta impossível do solitário de Herman Hesse para escapar aos monstros mecânicos, enfim, todo esse sussurro que se evola dos subterrâneos da criatividade onde se refugia a ânsia de sobrevivência do homem —, esse estranhamento é a indicação de que nele ainda existe capacidade de reação, de que a sua história está longe de ter sido cabalmente contada. Aonde o levará a civilização que o transforma em robô? Que formas assumirá sua última resistência? Haverá uma nova civilização, ou apenas a prolongação da atual sob formas degradadas?

Este o horizonte de perplexidades com que deparamos neste terceiro fim de século da civilização industrial.

O lado reverso do racionalismo sempre gerou fortes pulsões à idolatria. A engrenagem e o labirinto, que com freqüência são a face visível da *organização*, produzem no homem uma insegurança essencial, raiz das grandes vagas de idolatria que assinalam o século XX. Perdido o sentido de propósito, a confiança em si mesmo para orientar-se, o homem tende a sobrevalorizar a segurança e volta-se submisso para quem a oferece. Que outra coisa, senão segurança, oferece o Estado, "esse monstro frio" de que nos fala Nietzsche, em cujo seio o "suicídio de todos recebe o nome de vida". A abdicação diante do Estado significa a destruição do único espaço em que na civilização industrial floresceu autêntica atividade criadora, que é o da política. Se criatividade é liberdade, em nossa época a única forma autêntica de liberdade é a política. Daí que a destruição da liberdade política tenha engendrado esse fenômeno específico do século XX que é o totalitarismo. É exatamente desse lado que sopram os ventos mais ameaçadores: a insegurança que se manifesta no nível pessoal tem sua origem numa instabilidade econômica que é global; a concentração do poder sempre é justificada em termos de maior segurança para os indivíduos.

A raiz do problema da instabilidade global está em que as atividades econômicas permanecem estruturadas para ser coordenadas em nível nacional, mas dependem para funcionar normalmente de impulsos gerados no plano transnacional. O sistema de decisões — com seus centros nevrálgicos constituídos por Estados nacionais e empresas transnacionais — carece da coerência interna requerida para assegurar ao conjunto a desejada estabilidade. Na medida em que as atividades econômicas se estruturam em escala planetária — já nenhuma economia nacional desempenha o papel, que coube no passado à Inglaterra e posteriormente aos Estados Unidos, de centro dinâmico principal —, torna-se menos provável que ocorra a coincidência de fatores capazes de assegurar conjuntamente expansão e estabilidade por toda parte. Tais fatores não estão sequer identificados, razão pela qual ninguém está em condições de prever o que encerra o futuro. As articulações dos centros de decisão constituem elas mesmas uma estrutura extremamente complexa, pois as relações de forças entre esses centros evoluem com relativa rapidez nos tempos atuais. As forças mais dinâmicas parecem orientar-se no sentido de impor novas estruturas de controle global, seja a partir das atuais estruturas oligopólicas, seja com base em coalizões de governos. Essas forças respondem à vocação fundamental do sistema capitalista, que é a de ampliar a superfície do processo de acumulação. Contudo uma tal ampliação não se faz sem deslocações regionais, ou seja, modificações de estrutura em áreas de grande densidade econômica. Como as forças que comandam esse processo não possuem qualquer legitimidade, pois encarnam apenas interesses de grupos circunscritos, não se pode excluir movimentos em sentido inverso, originados em países em que maior seja a instabilidade. Contudo, um retorno ao protecionismo dificilmente se traduzirá em fortalecimento do *laissez-faire*. Enveredar pela autarquia significa acumular atraso tecnológico, o que conduz necessariamente as grandes empresas a investir de preferência nos mercados externos. Um controle mais estrito dos investimentos surge portanto como inelutável, e para que tal controle alcance seus objetivos toda uma panóplia de incentivos faz-se necessária. Lograr estabilidade no plano nacional (expansão em condições de pleno emprego e de equilíbrio na balança de pagamentos) num contexto internacional instável é problema aparentemente sem solução, pois o êxito que obtiver um país não poderá deixar de aumentar as dificuldades que enfrentam os demais. Em todo caso, tanto no plano nacional como no global os êxitos que forem obtidos passarão necessariamente por um fortalecimento dos centros de controle das atividades econômicas. O avanço na direção do controle centralizado será evidentemente maior se prevalecer a tendência de volta ao protecionismo.

A emergência de novas atividades religiosas e pararreligiosas é característica das épocas em que se rompem estruturas sociais e aumenta a incerteza com respeito ao futuro. A simples ameaça que paira sobre a cabeça do homem, num mundo onde se acumulam meios de destruição em escala inimaginável, seria suficiente para explicar a irrupção no plano psicológico como no social de pulsões arcaicas que mais facilmente são drenadas para o plano religioso ou pararreligioso. Transformada em abrigo protetor, a atividade religiosa assume a forma de diluição dos contornos da individualidade, de renúncia à liberdade. Mas, se iluminada por uma visão global do processo, ela pode contribuir para o fortalecimento das linhas de defesa de um último reduto da liberdade, ali onde se pretende estreitar o espaço cultural em que se exerce a ação criadora do homem. Dessa forma, a atividade religiosa tanto pode implicar renúncia ao mais nobre que existe no homem, conforme pensava Nietzsche, como pode ser a última linha de defesa do humano num mundo desumanizado pelo terror ou pela idolatria.

Via de regra a atividade religiosa ou pararreligiosa — particularmente nas versões secularizadas de conteúdo ideológico — constitui processos de ativação de forças sociais a serviço de grupos que lutam pelo poder. Não vem ao caso discutir até que ponto a história é o reflexo da conjugação das ambições de indivíduos com a ocasional ativação de forças sociais em grande parte manipuladas por esses indivíduos. O problema que nos interessa é o de saber até que ponto essa via ainda é compatível com as condições objetivas de um mundo que se unifica sob o impulso de um processo de acumulação de lógica implacável. Constitui o transcendente uma bússola capaz de restituir a segurança nessas condições de vôo cego, ou faz-se necessário aumentar os meios de visibilidade, vale dizer, alcançar o grau de liberdade que permita compreender as limitações da liberdade inerente ao sistema? Desse ponto de vista, cabe reconhecer que as organizações religiosas (ou os partidos políticos que a elas se assemelham) conduzem de preferência à paralisia mental, tendem a circunscrever a área em que se manifesta a atividade criadora.

E por que não se voltar uma vez mais para a *ciência*, esse abrigo a toda prova em que se refugiou o homem ao acordar do sono dogmático a que se referiu Kant? Da mesma maneira como sempre se admitiu sem discussão que só a acumulação é capaz de solucionar os problemas por ela criados, também se postula que só da ciência e da técnica poderão vir autênticas soluções para os problemas que elas mesmas vão engendrando. Por trás dessas afirmações aponta a orelha da ideologia do progresso: nossa civilização seria uma subida contínua, ainda que não linear, na direção de um mundo melhor. Se vamos um pouco mais longe, logo percebemos que o problema não está propriamente na ciência e na tecnologia, e sim na visão do mundo que domina uma civilização, contexto que condiciona a criatividade do homem e baliza o desenvolvimento da ciência e da tecnologia.

Fizemos referência ao fato de que o conhecimento que nos proporciona a ciência é produzido mediante uma *redução* da realidade a elementos simples que podem ser submetidos a tratamento analítico formal. Essa simplificação é levada tão longe quanto o exijam os meios de formalização e/ou as técnicas de experimentação. Introduzindo constantes arbitrárias em um modelo, sempre é possível adaptá-lo aos dados empíricos. Daí que, pretendendo ser uma leitura exaustiva da realidade, a ciência, em razão das exigências da formalização, seja uma leitura altamente seletiva. Do ponto de vista epistemológico, o primeiro problema que se coloca é no nível dessa seletividade. Como bem observou Ernst Cassirer, existem dois pólos na percepção da realidade: a percepção da coisa e a percepção da impressão. Entre a coisa física e o fato cultural estabelece-se um contínuo. Nas ciências sociais, o segundo pólo exerce particular força atrativa. O famoso princípio de complementaridade da mecânica quântica encontra aqui uma primeira versão: quanto mais se impõe a *coisa* na representação da realidade, menor a quantidade de informação do ponto de vista da ciência social.

O segundo problema epistemológico apresenta-se na própria elaboração do conhecimento. Nas ciências físicas o avanço da formalização dependeu sempre da possibilidade de *reduzir* a realidade a seus supostos componentes últimos, seus "átomos". O princípio de causalidade insere-se nesse enfoque, que utiliza funções analíticas (contínuas) por definição inadequadas para descrever as descontinuidades inerentes à realidade social. A prática das ciências sociais forçou-as sempre a afastar-se desse paradigma, para elas esterilizante, e a buscar abrigo num enfoque estrutural que até recentemente não merecera atenção do ponto de vista epistemológico. Essa prática produziu um empirismo estruturalista, que tem na macroeconomia keynesiana um exemplo conspícuo. Constroem-se modelos a partir de estruturas arbitrariamente escolhidas, que são em seguida adaptados à massa de informação disponível. Retém-se aquele que se afigura mais útil em função dos objetivos que se têm em vista: reduzir o desemprego, restabelecer o equilíbrio externo etc. Contudo, pouca dúvida pode haver de que o avanço das ciências sociais não poderá vir senão do enfoque estrutural.

Os conceitos de *estrutura* (forma) e de *processo* (causalidade) são ingredientes fundamentais no trabalho cognoscitivo. A nossa visão do mundo tem aí os seus pontos de apoio básicos. O enfoque estrutural, porque permanece no plano das descrições morfológicas e exclui a noção de causalidade, encurta o horizonte cognoscitivo. Por outro lado, o enfoque analítico conduz a um determinismo localizado e oculta o qualitativo. Aristóteles pretendeu integrar esses dois conceitos a partir do princípio de *finalidade*. Na metodologia das ciências sociais é concebível obter essa integração a partir da noção de *criatividade*, admitida esta como a faculdade humana de interferir no determinismo causal, enriquecendo com novos elementos um qualquer processo social. Quando o ato inovador alcança certa ponderação, ou quando convergem vários atos inovadores, surgirá a descontinuidade estrutural. A faculdade inovadora (criatividade) da qual existe plena evidência no plano sociológico, assumiria assim estatuto no plano lógico.

O esforço mais original para introduzir o princípio de causalidade no enfoque estrutural é provavelmente a *teoria das catástofres* do matemático francês René Thom. A descrição de certa morfologia empírica, a partir do enfoque estrutural, é feita com base num número finito de regras combinatórias derivadas de morfologias elementares. Dessa forma, são postas em evidência as simetrias implícitas sem que se justifiquem os enunciados básicos utilizados com esse fim. Na teoria das catástrofes, tal justificação é apresentada dinamicamente com base em métodos topológicos. A representação pictórica conduz a uma "inteligibilidade" de eventos súbitos — a emergência do discreto num meio contínuo — sem introduzir uma teoria causal externa ao campo empírico considerado. As possibilidades de aplicação da teoria das catástrofes têm sido objeto de grande controvérsia, mas pouca dúvida pode haver de que ela restaura a prevalência do princípio de inteligibilidade na formalização, sem a qual a capacidade criadora se desvia do real para o estritamente formal. É a revanche da ontologia contra a visão galileana, vinda não do exterior mas da própria matemática. Também ela é importante como esforço para dotar de bases epistemológicas a teorização estrutural.

Mas o problema que nos interessa mais diretamente coloca-se em outro plano. Independentemente da teoria do conhecimento que adotemos, não podemos deixar de reconhecer que na sociedade industrial tende a prevalecer o caráter instrumental da ciência. Mais do que uma forma de conhecimento, a ciência é atualmente um instrumento para transformar o mundo. O voto que formulou Marx em uma de suas teses sobre Feuerbach — os filósofos interpretaram o mundo, cabe agora transformá-lo — foi mais do que satisfeito. A linha *demarcatória* do que é ou não é ciência, na feliz expressão de Karl Popper, é definida pela prova do teste a que são submetidas as teorias. Conhecimento científico tendeu mais e mais a ser aquele que adiciona à capacidade de prever, de agir. A massa fabulosa de recursos *investidos* hoje em dia na ciência e em suas aplicações encontra sua razão de ser nessa *eficácia*. E o alvo central desta, *hélas*, são o poder militar e a acumulação. A revolução cognitiva que seria necessária para modificar num rumo positivo, no sentido de desalienante, a rota da nossa civilização, implicaria restaurar o saber como um fim em si mesmo, restabelecer o primado da sabedoria sobre o conhecimento.

A metodologia científica reduz a realidade ao que se pode exprimir mediante o número e a relação, deixando na sombra tudo o que seja qualitativo. Da mesma forma que o que se projeta em nosso consciente não é mais do que uma fração daquilo que elabora o subconsciente, o conhecimento da realidade que nos proporciona a ciência não é mais do que uma fração do conhecimento possível. Em um e outro casos, a linha demarcatória é estabelecida por um mecanismo de censura. Ao circunscrever o campo da ciência e depreciar as outras formas de conhecimento, a civilização industrial dotou-se de poderoso processo de auto-alimentação, que a projeta em certa direção com a implacabilidade da força do destino nas tragédias gregas.

6

Mas não se requer engenho superior para descobrir no invólucro aparentemente inconsútil da civilização industrial gretas e rachaduras. As tendências à "unidimensionalidade", à neutralização da força autenticamente renovadora da criatividade, assinaladas por observadores perspicazes, suscitam processos de rejeição que não se podem ignorar. O alarmante coeficiente de desajustamentos mentais é um sintoma da virulência desses anticorpos. Tem se comprovado, por exemplo, que em países de elevado nível de renda e maior diversidade aparente das formas de consumo cerca de uma quarta parte da população requer assistência médica psiquiátrica. Tudo indica que uma fração crescente da população estará constituída de indivíduos com distúrbios mentais ou dedicados, direta ou indiretamente, ao cuidado destes. O complexo sistema de controle social, engendrado para compensar os efeitos da decadência das formas primárias de associatividade, apresenta custos sociais que crescem exponencialmente. O mesmo ocorre com a assistência aos indivíduos, de natureza médica ou outra. Toda tentativa de projeção dos custos das distintas formas de controle social (inclusive o combate à criminalidade) e de assistência social (inclusive reciclagem profissional permanente, saúde e terceira idade) leva a conclusões assustadoras. Não se trata necessariamente de aumento na quantidade e melhora na qualidade desses serviços, como leva a crer o ilusionismo da contabilidade social. Por trás de tudo isso estão as mudanças nas estruturas sociais: o desaparecimento das formas cooperativas e de auto-serviço, que se traduz em despersonalização dos serviços prestados. Com o aumento da quantidade pretende-se compensar a mudança qualitativa.

Em nenhuma parte as rachaduras são tão visíveis como no mundo da criação artística. Em todas as culturas a arte constituiu uma linguagem privilegiada: a forma de transmissão de mensagens que alcançam a mais ampla gama da sensibilidade humana. A música e a poesia desempenharam papel fundamental no desenvolvimento da mente do homem, preparando-o para utilizar outros instrumentos, como a prosa e sistemas de símbolos que permitem o formalismo científico. Mediante as artes, a cultura é realimentada a partir da energia potencial contida no inconsciente coletivo, desempenhando o artista o papel de condensador dessa energia. Como não perceber que na fase de ascensão do racionalismo (metade do século XVII a fins do XVIII) essa arte por excelência apta para transmitir mensagens abstratas que é a música conheceu a sua época de ouro? As mensagens de J. S. Bach, por seu conteúdo essencialmente religioso, são pré-renascentistas, e pelo material melódico que utilizam, em sua reação protestante contra a tradição gregoriana, são de raízes populares. Mas em sua forma, nada se lhes pode comparar em pureza abstrata.

A história das artes no século XX, particularmente das artes visuais, constitui quiçá o mais rico filão para sondar as chances de sobrevivência do homem dentro das engrenagens em que ele hoje se move. A incorporação do objeto artístico e do artista ao processo de acumulação é demasiado evidente e já não requer elaboração suplementar: a notoriedade do artista é condição necessária para que suas obras alcancem um elevado valor de troca, e a posse de um objeto artístico de alto preço pretende exprimir o seu valor de uso. Como a influência do artista — a eficácia da mensagem que ele transmite — depende de seu prestígio, e este é inseparável do mecanismo do mercado, o impacto do artista na sociedade está estritamente canalizado. Por mais audaciosa que pretenda ser certa mensagem, o seu efeito se confina numa área preestabelecida, pois o "público" é antes advertido de que se lhe vai apresentar algo inusitado, extraordinário, *fabuloso*. A reação dos artistas a essa transformação do objeto artístico em algo transcendente, com uma significação em si mesmo independentemente de quem o vê, assumiu a forma de destruição das fronteiras da arte. Foi o aparecimento da *não-arte* com o dada. A *arte pobre*, a *arte mínima*, o *collage*, os *readymade* de Marcel Duchamp são a manifestação de uma revolta contra a sacralização dos objetos de arte para fins de marketing. Mas a reação não se fez esperar. Essa ampliação das fronteiras da arte também abria novas possibilidades ao negócio artístico, que agora cobria uma superfície muito mais ampla. Se "arte é o que os artistas dizem que é arte", o que se necessita é de artistas de grande celebridade. A assinatura de um grande artista é suficiente para fazer surgir de qualquer coisa objetos artísticos de alto valor de troca. Mas alguns artistas, na ânsia de preservar sua autonomia criadora, transferiram a luta para um outro plano. Foi o que fizeram, por exemplo, Lygia Clark e Keith Arnatt ao negar totalmente o objeto e assumir a arte em suas próprias pessoas como criaturas humanas. O artista retoma, assim, a tradição do sábio antigo, do santo, que encarnava a sua autêntica criação. Elimina-se a fronteira entre o criar artístico e o criar a vida. Abandonando o velho conceito de objeto único, nos diz Pierre Restany, o artista inventa uma nova linguagem. Ao mesmo tempo, ele rompe uma peça mestra na engrenagem da civilização industrial.

A arte que não se concretiza em *objeto* constitui a expressão de uma forma de liberdade pura. Assim, a dança autêntica foi sempre concebida como uma forma de liberdade corporal. Em uma civilização em que tudo está submetido à lógica dos meios, pode haver mensagem mais revolucionária do que a idéia de fundir o criar com o viver?

O observador da vida política nos países que estão na vanguarda da civilização industrial facilmente percebe uma multiplicidade de gretas de importância real difícil de estabelecer. Uma delas desperta particular atenção, em razão da dificuldade de inserir as forças que produz nas correntes que dominam tradicionalmente a vida política. É o movimento ecologista.

Que os homens hajam tomado tanto tempo para perceber que a lógica do sistema capitalista — no qual a administração dos recursos não renováveis está subordinada a interesses privados — leva a um implacável empobrecimento da vida em um de seus aspectos fundamentais, que é o das relações do homem com a natureza, ficará como o maior paradoxo de uma civilização que pretendeu ter na razão seu princípio unificador. Mas, uma vez formada a consciência desse problema, tudo indica que ele tende a ocupar posição de crescente relevo na vida política. É que por essa via se reintroduzem na cidade forças que de há muito haviam sido excluídas, e com elas as formas de associação direta que canalizam para a arena política o máximo de iniciativa dos indivíduos, ao mesmo tempo que reduzem ao mínimo o risco de manipulação que engendra o tratamento técnico da informação.

O ressurgimento da atividade política direta poderá ser o ponto de partida para a neutralização das forças que estão produzindo a burocratização da vida política nas sociedades industriais. Todo processo de concentração do poder engendra burocratização, que não é senão a tomada de consciência do poder por aqueles que têm o controle dos instrumentos desse poder. Como evitar que os instrumentos de um sistema de poder venham a comandar os seus fins é problema que historicamente poucas vezes foi solucionado com êxito. O caso do mandarinato chinês, por sua longevidade, sempre constituirá uma referência a esse respeito. Ele combinava a meritocracia com um código de honra inspirado em Confúcio, no qual se incluía o princípio da não-acumulação de bens. Essa combinação de mérito com abstenção de disputar o poder econômico numa sociedade não voltada para a acumulação produziu um sistema de controle social praticamente indestrutível. Outra solução que merece referência foi a concebida pelo conquistador de Constantinopla, Maomé II, conforme se conta inspirando-se na *República* de Platão: criação artificial — mediante uma vida isolada e um tratamento escolar preciso — de uma casta de executores civis e militares, recrutados na infância entre populações dominadas, portanto destituídos de vínculos na sociedade onde vão atuar e sem qualquer projeto pessoal. Esses e outros casos confirmam quão difícil sempre foi submeter à disciplina aqueles que exercem o poder em nome de outrem. Essa dificuldade aumenta exponencialmente com o alongamento da cadeia dos mandatários e com o grau de difusão da fonte última do poder. As estruturas burocráticas dos atuais países socialistas aproximam-se consideravelmente do mandarinato chinês (meritocracia + ideologia), com a diferença de que, sendo sociedades voltadas para a acumulação, a prática do ascetismo faz-se pouco atrativa. Nas sociedades capitalistas, em que a idéia de ascetismo está destituída de força mobilizadora, o controle do poder burocrático depende da pressão da opinião pública e da ativação da vida política por essas formas residuais de democracia direta que são as associações de cidadãos.

O trabalho, que nas sociedades pré-industriais constituía o eixo em torno ao qual se organizavam as relações pessoais — trabalho artesanal no âmbito da família e trabalho comunitário no âmbito de grupos com outros vínculos que não o parentesco —, transformou-se em um conjunto de relações estereotipadas. A visão política que adquire o indivíduo a partir de sua inserção no sistema de divisão do trabalho na sociedade industrial é aquela que lhe proporciona a *consciência de classe*. Somente as atividades políticas que interferem com sua situação de elemento do sistema de produção o sensibilizam. O envolvimento político tende, assim, a ser unidimensional, ficando os demais aspectos da vida social relegados a plano secundário. Esse unilateralismo pode em certas circunstâncias favorecer a mobilização política de grupos submetidos a uma dura exploração. Mas, de maneira geral, é desfavorável à formação de uma autêntica consciência política. A elevação dos salários reais, objetivo central da luta política em que se empenham os homens transformados em *massa trabalhadora*, é um aspecto da progressiva inserção nos padrões de comportamento — formas de consumo crescentemente diversificadas e sofisticadas — requeridos para que prossiga o processo de acumulação.

Seja porque facilita a difusão das técnicas já conhecidas, seja porque estimula a criação de novas técnicas poupadoras de mão-de-obra, a pressão no sentido da elevação dos salários reais é algo inerente à dinâmica do capitalismo industrial. Sendo esse um ingrediente do processo de acumulação, a luta política que o tem como único objetivo não pode deixar de reforçar a lógica do sistema. A ascensão da classe trabalhadora como força política, na Inglaterra, constitui clara evidência do que estamos afirmando. À diferença da França, onde a classe trabalhadora tinha o seu maior ponto de concentração na capital do país, na Inglaterra as concentrações mais importantes estavam no norte, em cidades com maioria da população operária: trabalhadores das minas de carvão, da metalurgia, da indústria têxtil, da construção naval e outras indústrias. Na primeira metade do século XIX surgiu entre essas populações, submetidas a duro regime de trabalho, um vasto movimento político orientado para a rejeição das formas de vida criadas pela civilização industrial. Ocasionalmente, essa rejeição levou à mobilização dos operários para a destruição das máquinas, símbolos da nova civilização. A luta contra esse movimento político foi feroz, utilizando o governo tropas de mercenários trazidos do exterior. Cidades foram cercadas e líderes do movimento condenados à morte. Os ideais desses homens foram tachados de *utópicos* por aqueles que em etapa subseqüente se autodenominaram "socialistas científicos". A partir dos anos 40 do século XIX tendeu a prevalecer na Inglaterra o movimento operário surgido em Londres, onde predominava a pequena indústria e o semi-artesanato. Ao contrário do anterior, este não formulava uma crítica global do sistema, limitando-se a reivindicar melhoras nas condições de vida da classe trabalhadora: redução da jornada de trabalho, proteção de crianças e mulheres e outras medidas orientadas para a elevação do salário real.

Canalizadas as novas forças políticas para a luta pela elevação do salário real, estava eliminada a possibilidade de formação de uma consciência crítica, de uma visão global. A ascensão, dentro dos padrões estabelecidos pela lógica da acumulação, passava a refletir uma aspiração comum, um consenso por cima de todos os antagonismos. Foi contra esse consenso paralisante que surgiu o movimento ecologista, ao qual se deve atribuir uma significação mais do que simbólica. Ao reintroduzir na política a iniciativa das associações diretas, ele reivindica para o homem a pluridimensionalidade como ator político. Essa parece ser a última chance de conter a invasão do poder burocrático: reinjetar a consciência dos fins concernentes ao todo social nas motivações políticas do cidadão.

Outro ponto que merece referência, como anunciador de possível metamorfose no processo político, é a tomada de consciência pelas mulheres da posição subalterna que lhes corresponde na sociedade industrial. Nas sociedades em que a instituição familiar serviu de quadro ordenador de múltiplas funções — abrangendo a reprodução humana, a transmissão da herança cultural, atividades econômicas e políticas —, o sexo constituiu referência fundamental na formação da visão do mundo. As linhas de parentesco eram a trama básica da ordenação social, e a divisão do trabalho tinha no sexo seu mais importante plano de clivagem.

Os dados desse problema foram fundamentalmente alterados com o avanço da civilização industrial. O progresso da profilaxia, ao reduzir em 70 ou 80 por cento a taxa bruta de mortalidade, em especial a infantil, possibilitou a reprodução da sociedade e mesmo sua expansão com base numa taxa bruta de natalidade substancialmente menor. A taxa média de fecundidade das mulheres desceu a um quinto ou menos do que fora antes, reduzindo consideravelmente o peso biológico que para elas representava a reprodução da espécie. Concomitantemente, as tarefas de transmissão da herança cultural foram sendo transferidas para outros mecanismos de socialização. Demais, o avanço de novas formas de divisão social do trabalho transformaram as atividades econômicas que continuam a se realizar no âmbito doméstico em auto-serviços sem expressão do ponto de vista social. As perspectivas abertas pela redução da carga biológica frustraram-se, declinando o status social da mulher, que foi sendo transferida em escala crescente para o mercado de trabalho como força auxiliar, cabendo-lhe tarefas de menor remuneração, ocupações de tempo parcial, funções de pouco relevo. Trabalhando freqüentemente um maior número de horas — entre tarefas domésticas e trabalho fora do lar — e recebendo remuneração inferior na realização das mesmas tarefas, as mulheres tenderam a acumular um considerável atraso no que respeita a qualificações e mesmo ao desenvolvimento mental.

Como no caso da ecologia, a problemática feminista escapa à visão do mundo que se apóia apenas na consciência de classe. Tanto a desigualdade de remuneração com respeito aos homens como o reconhecimento social do auto-serviço (em grande parte ligado à reprodução da espécie) são problemas que concernem às mulheres de quase todos os estratos sociais. O primeiro deles — igualdade de remuneração para funções iguais — é de natureza similar ao da exploração de minorias raciais, ou de populações socialmente não integradas, como os "expatriados" que atualmente formam uma parcela da força de trabalho em quase todos os países da Europa Ocidental. Solucioná-lo requer modificações nas estruturas econômicas que não se obtêm sem prolongado e persistente esforço. Contudo, do ponto de vista da ordenação social, essas modificações não teriam maior transcendência. A verdadeira dificuldade está em que a igualdade de remunerações teria de ser acompanhada de igualdade de oportunidades de acesso a funções superiores, e essa igualdade não poderá ser outorgada (ninguém cede poder espontaneamente), e sim conquistada. Trata-se, portanto, de criar novos recursos de poder para modificar uma relação de forças. Por trás de um problema econômico aparentemente menor, existe um outro político de real importância.

No segundo problema, a dimensão social prevalece sobre a econômica. As transformações ocorridas nas estruturas sociais, e que se refletem na substituição da família ampliada estável pela família reduzida instável, devem ser consideradas como o ponto de partida para qualquer reflexão com respeito ao futuro. A hipótese menos verossímil é a de reversão ao passado. Não tem fundamento imaginar que a família recuperaria as suas antigas funções simplesmente porque se atribuiu um valor de troca (e uma remuneração monetária) aos serviços que aí realizam os seus membros, particularmente a mulher. Se o que se tem em vista é reduzir a carga que recai presentemente sobre os ombros das mulheres, é de imaginar que esses serviços venham a ser compartilhados dentro de um esquema mais amplo de divisão do trabalho no âmbito de comunidades cujos membros mantenham entre si algum vínculo pessoal significativo. Somente assim será possível oferecer a mulheres e homens a mesma opção para dividir o tempo e a atividade criadora entre auto-serviços e serviços externos. Se os membros de uma família reduzida estão inseridos no mercado de trabalho em regime de tempo integral, a contribuição que possam dar para a reprodução da sociedade será necessariamente parcial. Que a jornada de trabalho que a mulher prolonga dentro de casa seja totalmente remunerada não modifica o fundo do problema, que é o da insuficiência do âmbito da família reduzida para o desempenho de certas funções. Às crianças se deve dar a oportunidade de conviver efetivamente com pessoas que lhes dedicam afetividade, e isso somente é obtido dentro de um grupo social maior e multigeracional, à semelhança da família ampliada.

A referência a esses dois últimos pontos teve o objetivo limitado de reforçar o que dissemos anteriormente: são inequívocos os indícios de que as atividades políticas, antes confinadas a questões ancilares do processo de acumulação, começam a aflorar em outras plagas. E por que não pensar que essa eflorescência anuncia o retorno às lides políticas de forças que se imaginavam exauridas ou definitivamente subjugadas?

Os três temas assinalados são incontestavelmente pontos nevrálgicos em nosso sistema de civilização. Estão em causa a alimentação da criatividade em sua área mais nobre, que é a da atividade artística, as relações do homem com a natureza e o suporte social da reprodução da espécie. Nos três casos os conflitos emergentes assumem a forma de rejeição das estruturas de enquadramento social, de afirmação da criatura humana, de reivindicação de liberdade. Tudo se passa como se o homem houvesse desesperado de "aperfeiçoar" as engrenagens que criou, de criticar a razão a partir da própria razão, de defender-se da técnica com mais técnica. E para mudar de rumo, volta às próprias origens, retoma contato com suas dimensões secretas, assume a plena lucidez. E toma pé no fundamental, na essência do humano, que é a ânsia de ser livre. Foi no Purgatório que essa verdade simples se impôs a Dante:

libertà va cercando, ch'è si cara, come sa chi per lei vita rifiuta.

Índice remissivo

ESTA OBRA FOI COMPOSTA POR ACQUA ESTÚDIO EM MINION
E IMPRESSA EM PROCESSO SOB DEMANDA PELA UM LIVRO SOBRE
PAPEL OFFWHITE PARA A EDITORA SCHWARCZ A PARTIR DE 2024